REVISTA DE LA ACADEMIA PUERTORRIQUEÑA DE JURISPRUDENCIA Y LEGISLACIÓN

SAN JUAN, 2021
VOLUMEN XVIII

ACADEMIA PUERTORRIQUEÑA DE JURISPRUDENCIA Y LEGISLACIÓN

Correspondiente de la
Real Academia de Jurisprudencia y Legislación Fundada el 9 de diciembre de 1985

Académicos de Número

Lcdo. Antonio García Padilla, Presidente
Hon. Juan R. Torruella, Vicepresidente
Hon. Lady Alfonso de Cumpiano, Secretaria
Lcdo. Antonio Escudero Viera, Tesorero
Dr. Carmelo Delgado Cintrón
Dr. Demetrio Fernández Quiñones
Lcdo. Ernesto L. Chiesa Aponte
Lcdo. José J. Álvarez González
Hon. Liana Fiol Matta
Lcdo. Carlos E. Ramos González
Lcda. Olga Soler Bonnin
Lcdo. Harry Padilla Martínez
Dr. Efrén Rivera Ramos Hon. Gustavo Gelpí
Lcdo. Noel González Miranda
Lcdo. Javier Rúa Jovet
Hon. Félix Figueroa Cabán
Hon. Anabelle Rodríguez Rodríguez
Hon. Rafael Martínez Torres
Dr. José Trías Monge, Presidente (†) – Presidente Fundador
Dr. Efraín González Tejera (†)
Hon. Miguel Hernández Agosto (†)
Lcdo. Marcos A. Ramírez Irizarry (†)
Lcdo. Lino J. Saldaña (†)
Hon. Salvador E. Casellas Moreno (†)
Lcdo. Wallace González Oliver (†)
Lcdo. Eugenio S. Belaval (†)
Lcdo. Salvador Antonetti Zequeira (†)

“La Academia Puertorriqueña de Jurisprudencia y Legislación, correspondiente de la Real Academia de Jurisprudencia de España, tiene como fines promover la investigación y la práctica del Derecho y de sus ciencias auxiliares, así como contribuir a las reformas y progreso de la legislación puertorriqueña”. Artículo 1, Título primero de los Estatutos.

Academia Puertorriqueña de Jurisprudencia y Legislación Apartado Postal 23340, San Juan PR 00931-3340 Teléfono: 787-999-9652
E: mail: ajpr@academiajurisprudenciapr.org

Las oficinas ejecutivas de la Academia se encuentran localizadas en el tercer piso de la Escuela de Derecho de la Universidad de Puerto Rico, Recinto de Río Piedras, Río Piedras, Puerto Rico.

Revista
de la
ACADEMIA PUERTORRIQUEÑA DE JURISPRUDENCIA Y LEGISLACIÓN

La Revista de la Academia Puertorriqueña de Jurisprudencia y Legislación se publica periódicamente. Es el órgano oficial científico e la Academia. Toda correspondencia deberá dirigirse al Director Ejecutivo, a la siguiente dirección:

Revista de la Academia Puertorriqueña de Jurisprudencia y Legislación
Apartado Postal 23340
San Juan PR 00931-3340

Para que la revista considere una posible colaboración, deberá dirigir un ejemplar a la Academia, a la mencionada dirección postal.

La revista no se solidariza oficialmente con las opiniones sostenidas por los colaboradores en sus artículos o monografías.

Toda suscripción en Estados Unidos y Canadá debe procesarse a través de nuestras oficinas en la dirección postal antes mencionada o a través de nuestro correo electrónico: ajpr@academiajurisprudenciapr.org.

"Revista de la Academia Puertorriqueña de Jurisprudencia y Legislación" is published by the Academia Puertorriqueña de Jurisprudencia y Legislación. All subscription in the United States and Canada must be processed through our offices in the mailing address before mentioned, or our electronic mail: ajpr@academiajurisprudenciapr.org.

REVISTA
de la
ACADEMIA PUERTORRIQUEÑA
DE JURISPRUDENCIA Y LEGISLACIÓN

VOL. XVIII **2021**

ÍNDICE

DERECHO TRANSNACIONAL MODERNO E ICANN: RETOS Y OPORTUNIDADES EN LA GOBERNANZA DEL INTERNET

JAVIER RÚA-JOVET*

INTRODUCCIÓN

En estos tiempos de calamidades climáticas y virales valoramos al Internet más que nunca, porque funciona: Zoom con familiares y amigos, educación a distancia, Netflix, Amazon, banca por internet, webinars internacionales, teletrabajo; la lista es tan larga como los aspectos de nuestra vida cotidiana.

Pero no es por coincidencia que normalmente damos con la página web que buscamos ni un milagro que recibamos el email correcto. Y tampoco es por arte de magia que el Internet global se mantiene fundamentalmente libre y abierto, como hoy lo conocemos.

De hecho, el Internet es un campo de batalla.

La batalla no es nueva: autoritarismo versus liberalismo. Este versus Oeste. Pasado versus futuro. La batalla se da en múltiples frentes; comerciales, geopolíticos, diplomáticos, técnicos, y particularmente, en uno que recoge todos los anteriores: la gobernanza del Internet, es decir, el establecimiento de las reglas, políticas, estándares y prácticas que coordinan y dan forma al ciberespacio global.[1]

La humanidad enfrenta dos opciones críticas para atender exitosamente los retos de escala global como la gobernanza de Internet. La primera, es entre vigilancia totalitaria y empoderamiento ciudadano. La segunda, es entre el aislamiento nacionalista y la solidaridad humana global.

---

* Javier Rúa-Jovet (B.A. Boston College, J.D. Escuela de Derecho de la U.P.R., LL.M Centro Nacional de Derecho. G.W.U.) es exsubsecretario del Departamento de Recursos Naturales y Ambientales, expresidente de la Junta de Calidad Ambiental, expresidente de la Junta Reglamentadora de Telecomunicaciones del Estado Libre Asociado, expresidente del Foro Latinoamericano de Entes Reguladores de las Telecomunicaciones (REGULATEL), ex concejal del Comité Asesor At-Large de la Corporación de Internet para la Asignación de Nombres y Números (ICANN, por sus siglas en inglés) y ex director de Política Pública de Sunrun, la compañía de energía solar residencial más grande de EEUU. En la actualidad Rúa-Jovet es el Jefe de Políticas Públicas de la Asociación de Energía Solar y Almacenamiento de Puerto Rico (SESA-PR, por sus siglas en inglés) y es miembro del consejo de la Organización de Apoyo sobre Códigos de País (ccNSO, por sus siglas en inglés) de ICANN.

[1] Para un buen compendio y perspectiva latinoamericana en temas de gobernanza de Internet véase GOBERNANZA Y REGULACIONES DE INTERNET EN AMÉRICA LATINA (Luca Belli y Olga Cavalli coords., 2018); véase además, INTERNET GOVERNANCE PROJECT, https://www.internetgovernance.org/what-is-internet-governance (last visited Dec. 13, 2020).

En este escrito no hago referencia, de forma alguna y deliberadamente a las confrontaciones acomodaticias y episódicas del presidente estadounidense actual con tal o cual 'aplicación' de Internet, o medio social digital que por alguna razón le disguste.

Pensemos en el coronavirus: un método efectivo para su control, lo es el rastreo y vigilancia estatal constante del ciudadano, progresivamente autoejecutable vía sensores, apps y algoritmos,[2] y el castigo a quien infringe las normas. Es aparentemente tan efectivo desde la perspectiva epidemiológica, que nuestras sociedades abrazan estos métodos a pesar de su dudosa juridicidad y su erosión de derechos fundamentales. Pero la persecución y la represión no son las únicas formas de lograr cumplimiento.[3]

El cumplimiento también podría, idealmente, basarse en la confianza de la ciudadanía en el conocimiento científico, en buen liderazgo político, en el respeto a la constitucionalidad acordada y confiar que la ciudadanía tomará decisiones correctas conforme a esta información. Esta opción es mucho más complicada, incluso parece imposible ante el perfil de nuestros líderes electos y también del electorado. Pero de lograrse, creo que el mundo post-covid19 sería uno mejor.

Asimismo, la pandemia, por definición, es un problema transnacional. Solo puede resolverse eficazmente mediante la cooperación efectiva transfronteriza. Para vencer al virus, necesitamos compartir información y estrategias científicas libremente. Si expertos canadienses dudan entre tal o cual curso de acción, pueden consultar a sus colegas

---

[2] Tenemos que afrontar la eterna pregunta ¿quién vigila a los vigilantes? —quis custodiet ipsos custodes?

Véase, Patrick Howell O'Neill, Tate Ryan-Mosley, Bobbie Johnson, A flood of coronavirus apps are tracking us. Now it's time to keep track of them, MIT TECHNOLOGY REVIEW (May 7, 2020), https://www.technologyreview.com/2020/05/07/1000961/launching-mittr-covid-tracing-tracker/.

[3] EMERGENCIA SANITARIA POR COVID-19: DERECHO CONSTITUCIONAL COMPARADO (Nuria González Martín y Diego Valadés coords., 2020), https://archivos.juridicas.unam.mx/www/site//publicaciones/157Emergencia_sanitaria_por_COVID_19_Derecho_constitucional_comparado.pdf (el Académico Efrén Rivera Ramos, contribuye el artículo Puerto Rico ante la pandemia en este un estudio comparativo de Derecho Constitucional e Internacional, en torno a respuestas latinoamericanas y europeas a la pandemia del coronavirus).

Para un ángulo positivo del COVID19 desde la perspectiva de la cooperación científica transnacional, véase, Mandë Holford & Ruth Morgan, 4 ways science should transform after COVID-19, World Economic Forum Covid Action Platform (Jun 17, 2020), https://www.weforum.org/agenda/2020/06/4-ways-science-needs-to-change-after-covid-19-coronavirus/; véase también, How Covid-19 is changing science for the better, THE BUSINESS STANDARD, (Jul. 4, 2020, 2:32 PM), https://tbsnews.net/feature/panorama/how-covid-19-changing-science-better-101551.

La idea de "este vs. oeste" planteada es obviamente una ficción y construcción geopolítica. El planeta es un globo y el universo es virtualmente infinito en todas las direcciones. Además, hay al menos un país geográficamente "no-occidental", la efectivísima democracia liberal "europea" en Oceanía de Nueva Zelanda, la cual bajo la Primera Ministra Jacinda Arden ha logrado manejar la actual pandemia de forma hasta ahora muy exitosa, véase por ejemplo, Sarah Jefferies et al., COVID-19 in New Zealand and the impact of the national response: a descriptive epidemiological study, 5 THE LANCET e612 (2020).

surcoreanos, quienes quizás viven un punto más avanzado de la curva. Incluso, es posible que alguno de estos médicos canadienses y surcoreanos de tiempo en tiempo coincidan en convenciones medicas internacionales, profundizando aún más el grado de comprensión y confianza mutua.

La cooperación efectiva global basada en confianza es fundamental para atender efectivamente las problemáticas transfronterizas, sean pandemias, proliferación nuclear, ciber o bio-terrorismo, cambio climático,[4] o el tema que hoy tocamos: la gobernanza del Internet global.

I. LA INTERNET, LIBRE

La Internet nació entre tensiones geopolíticas, y todavía las enfrenta. Aunque concebida para fines bélicos, un sistema de comunicaciones capaz de resistir un ataque nuclear, afortunadamente su gestación y desarrollo —la construcción de sus protocolos y reglas— es producto de colaboraciones y consensos entre técnicos y universitarios civiles;[5] un proceso de construcción constante, progresivamente inclusivo y

---

[4] Véase, Yuval Noah Harari, The world after coronavirus, FINANCIAL TIMES (Mar. 20, 2020), https://www.ft.com/content/19d90308-6858-11ea-a3c9-1fe6fedcca75; véase también, YUVAL NOAH HARARI, SAPIENS: A BRIEF HISTORY OF HUMANKIND 207-08 (2015) ("In the early twenty-first century, the world is still divided into about 200 states. But none of these states is truly independent. . . . Their economies form a single global network of trade and finance, shaped by immensely powerful currents of capital, labor and information. An economic crisis in China or a new technology coming out of the USA can instantaneously disrupt economies on the other side of the planet. . . . A multi-ethnic global society is forming over and above the individual states. Entrepreneurs, engineers, bankers, and scholars throughout the world speak the same language and share similar views and interests. . . . [T]he 200 states increasingly share the same global problems. Intercontinental ballistic missiles and atom bombs recognize no borders, and no nation can prevent nuclear war by itself. Climate change, too, threatens the prosperity and survival of all humans, and no government can single-handedly stop global warming. . . . It is unlikely that humankind can deal with these challenges without global cooperation.").

[5] Un poco de historia. La Internet (ARPANET) nace en 1969 como una red del Advanced Research Projects Agency (DARPA) del Departamento de Defensa Federal (DoD), véase, Mary Bellis, ARPANET: The first Internet, http://ocean.otr.usm.edu/~w146169/bellis.html (last visited Dec. 13, 2020). Durante sesenta años, DARPA ha impulsado la inversión y desarrollo de tecnologías de punta para la seguridad nacional. Tras el lanzamiento del Sputnik en 1957, EEUU no quería ser víctima de otras sorpresas tecnológicas por potencias rivales estratégicas, véase, DEFENSE ADVANCED RESEARCH PROJECTS AGENCY, https://www.darpa.mil/about-us/about-darpa (last visited Dec. 13, 2020). Inicialmente la Internet contaba con solo cuatro nodos o conexiones (UCLA, UC-Santa Barbara, la Escuela de Computación de la Universidad de Utah y el Stanford Research Institute). La primera autoridad central de coordinación de operación de la Internet fue el Network Information Center (NIC) del Stanford Research Institute. El sistema de nombres de dominio o DNS fue creado en 1983 por Paul Mockapetris, véase Paul Mockapetris, INTERNET HALL OF FAME, https://www.internethalloffame.org/inductees/paul-mockapetris (last visited Dec. 13, 2020), mejorando los protocolos ya instituidos por el ya casi legendario pionero de Internet, Dr. Jon Postel, véase Jon Postel, INTERNET HALL OF FAME, https://www.internethalloffame.org/inductees/jon-postel (last visited Dec. 13, 2020). Postel,

abierto, que hoy continúa y se perfecciona.

Estos procesos de gobernanza por consenso dieron y dan pie a la ubicua,[6] transnacional y ya extra-planetaria,[7] red de redes. La Internet. El

---

desde su despacho universitario, manejaba voluntaria y personalmente todos los servicios de registro, incluido el de los dominios de nivel superior (<.mil>, <.gov>, <.edu,>, <.org>, <.net>, <.com> y <.us>) en virtud de un acuerdo con el DoD. Las restricciones de acceso al ARPANET se disminuyeron en 1982 cuando, con auspicio de la National Science Foundation (NSF), una agencia de EEUU dedicada al desarrollo de todas las ciencias no-medicas, se impulsa el Protocolo de Control de Internet (TCP), vía un subsidio que estableció una plataforma de interconexión a todos los programas universitarios de ciencia de computación (Computer Science Network o CSNET). En 1985, NSF viabilizó la interconexión universitaria más amplia, para aprovechar los diversos recursos distribuidos de supercomputación, robusteciendo la incipiente Internet. En los 90s, ya el crecimiento de Internet no estaba asociado al DoD y esa agencia optó no subsidiar costes de registros DNS fuera de su dominio de nivel superior (<.mil.>), véase National Science Foundation, https://www.nsf.gov/news/news_summ.jsp?cntn_id=103050 (last visited Dec. 13, 2020). En 1992, el Congreso de EEUU autorizó a la NSF (NSFNET), a utilizar su red fuera de actividades puramente académicas, así viabilizando usos comerciales en Internet, véase, Scientific and Advanced-Technology Act of 1992, 42 U.S.C. § 1862(g) (1992). La red más avanzada de NSFNET sustituyó completamente a ARPANET en los '90. Bajo contrato de NSF, la compañía Network Solutions comenzó a registrar dominios de segundo nivel (SLDs) comercialmente en 1995, véase, The Web, http://theweb.juude.info/web.htm (last visited Dec. 13, 2020). La complejidad y volumen de la gestión de dominios, incluyendo conflictos entre dominios y marcas, se tornaba progresivamente insostenible e inmanejable para el Dr. Postel, véase, Office of the General Counsel, General Accounting Office, GAO/OGC-00-33R, Department of Commerce: Relationship with the Internet Corporation for Assigned Names and Numbers (2000). En 1997, estas preocupaciones movieron a la Administración Clinton a emitir el informe sobre comercio electrónico Un marco para el comercio electrónico global convirtiendo al Departamento de Comercio en la agencia líder para "hacer que la gobernanza del sistema de nombres de dominio sea privada y competitiva y crear un régimen autorregulador basado en contratos que aborde posibles conflictos entre el uso de nombres de dominio y las leyes de marcas registradas . . . .", la semilla de ICANN, véase, Office of the Press Secretary of the White House, A Framework for Global Electronic Commerce: Executive Summary (1997) (traducción suplida). Jon Postel siguió a cargo de la gestión del DNS y la creación de políticas públicas vía peticiones de comentarios (Requests for Comments o RFCs) hasta su muerte en 1998. En ese año todas las funciones se organizaron bajo ICANN, autorizada bajo contrato con el Departamento del Comercio. Véase, A ten year's tribute to Jon Postel, an Internet visionary, The Internet Society https://www.internetsociety.org/grants-and-awards/postel-service-award/ten-year-tribute-jon-postel/ (last visited Dec. 13, 2020).

[6] La Internet creció de 600 usuarios en 1983 a 413 millones en el 2000 y sobre 3 mil millones en 2016. Hoy sobrepasa los 4 mil millones. Su masiva penetración es producto de varias tecnologías y software con énfasis reciente en el surgimiento del teléfono inteligente. El Internet de las cosas (IoT) mantendrá el crecimiento exponencial, y no hay riesgo de carencia de recursos numéricos para el crecimiento sostenido, incluso interplanetario, ante la adopción del protocolo de IP versión 6 (IPv6), véase, Simon Kemp, Digital 2019: Internet Trends in Q3 2019, DataReportal (July 19, 2019), https://datareportal.com/reports/digital-2019-internet-trends-in-q3; De hecho, para 2025, se pronostican cerca de 6 mil millones de usuarios y cerca de 25 mil millones de conexiones de IoT, véase, GSMA, Mobile Economy 2020 (2020), https://www.gsmaintelligence.com/research/?file=735f70a7afbfc8ddb46efd17cafc2330&download.

mercado de información, ideas, servicios y bienes de mayor tamaño, eficiencia y libertad en la historia de la humanidad.[8]

---

[7] Matt Williams, The ISS Now Has Better Internet Than Most of Us After Its Latest Upgrade, SCIENCEALERT (Aug. 26, 2019), https://www.sciencealert.com/the-iss-now-has-better-internet-than-most-of-us-after-its-latest-upgrade; Ahmad Alhilal, Tristan Braud & Pan Hui, The Sky is NOT the Limit Anymore: Future Architecture of the Interplanetary Internet, 34 IEEE Aerospace and Electronic Systems Magazine 22 (2019); Andrew Freedman, Exclusive: An interplanetary internet could be here sooner than you think, AXIOS (Mar. 8, 2019), https://www.axios.com/interplanetary-internet-could-here-sooner-4bea0435-1e20-44c5-82c3-ea49e63093d2.html; Herb Lin, The Geopolitical Ramifications of Starlink Internet Service?, LAWFARE (Jun. 30, 2020), https://www.lawfareblog.com/geopolitical-ramifications-starlink-internet-service ("Rather than relying on indigenous internet service providers that are subject to domestic law, citizens of these nations will now be able to access the internet through Starlink—which is not under the control of these governments—provided they have appropriate user terminals. Thus, every citizen with a user terminal and a computer becomes an access point for the broader internet to penetrate the nation's closed information borders.

Authoritarian governments that are still seeking to exercise internet control will need to focus their efforts on preventing these terminals from falling into the hands of their citizens, confiscating terminals that citizens do obtain (or even arresting those citizens) or jamming the signals used to carry Starlink traffic. Another approach would be to compromise the internet services that Starlink offers. For example, authoritarian governments could incentivize Starlink to turn off service when its satellites were overflying their countries. Incentives could include anything from paying Starlink to turn off satellites at the appropriate times to coercing Starlink management in some way to comply with their demands.

We may be on the verge of entering a new world of telecommunications whose geopolitical implications are not yet understood.").

[8] Nathalie Wolchover, Top 10 Inventions That Changed the World, LIVESCIENCE (Mar. 3, 2016), https://www.livescience.com/33749-top-10-inventions-changed-world.html; Véase también, THOMAS FRIEDMAN, THE LEXUS AND THE OLIVE TREE, (2000) ("Today's era of globalization is built around falling telecommunications costs – thanks to microchips, satellites, fiber optics and the Internet. These new technologies are able to weave the world together even tighter. . . . . Also, thanks to the combination of computers and cheap telecommunications, people can now offer and trade services globally – from medical advice to software writing to data processing – that could never really be traded before. And why not? According to The Economist, a three-minute call (in 1996 dollars) between New York and London cost $300 in 1930. Today it is almost free through the Internet.

But what also makes this era of globalization unique is not just the fact that these technologies are making it possible for traditional nation-states and corporations to reach farther, faster, cheaper and deeper around the world than ever before. It is the fact that it is allowing individuals to do so. I was reminded of this point one day in the summer of 1998 when my then seventy-nine-year-old mother, Margaret Friedman, who lives in Minneapolis, called me sounding very upset. 'What's wrong, Mom?' I asked. 'Well,' she said, 'I've been playing bridge on the Internet with three Frenchmen and they keep speaking French to each other and I can't understand them.' When I chuckled at the thought of my cardshark mom playing bridge with three Frenchmen on the Net, she took a little umbrage. 'Don't laugh' she said, 'I was playing bridge with someone in Siberia the other day.'

[I] would, sum up the differences between the two eras of globalization this way: If the first era of globalization shrank the world from a size 'large' to a size 'medium,' this era of globalization is shrinking the world from a size 'medium' to a size 'small.').

Un mundo construido sin necesidad de un estado policiaco para hacer cumplir sus normas y prestando muy poca atención a los estados-naciones, a las fronteras, a las soberanías.

Un país como Corea del Norte puede, a su propio costo, confiscar todos los aparatos e intentar cerrar todas las vías para acceder a Internet global. Y China, puede hacer lo posible por limitar aspectos del Internet dentro de sus fronteras. Pero ninguna de esas acciones inhabilita a la Internet global. De hecho, en la medida que China ha decidido ser un líder del comercio global, entiende el inmenso valor económico[9] y político de una red global funcional; por eso siempre habla de perfeccionarla (conforme a su cosmovisión política particular).

La Internet refleja una ideología liberal sofisticada; la apuesta a que la libertad de acción científica, el respeto a acuerdos normativos y consensos técnicos, así como la innovación apalancada en libertad empresarial, pueden lograr y sostener objetivos de interés público de forma satisfactoria, en lugar de la acción estatal exclusiva. De hecho, estatutos claves como la Ley Federal de Comunicaciones de 1996 y su homóloga local se fundamentan en estos ideales.[10]

Al otro extremo, China. La civilización y estado administrativo de mayor antigüedad y longevidad.[11] Justificada y lista para a establecerse como la superpotencia tecnológica global del siglo XXI[12] y exportar su

---

[9] Un ejemplo cotidiano: ¿cuántos hemos comprado algo por eBay a alguna compañía china, directamente desde un teléfono móvil? Esto ocurre porque la Internet global funciona. Un puertorriqueño puede comprarle o venderle fácil y directamente a un chino o viceversa en eBay. Lo mismo es cierto para otros 188 países y territorios o 'mercados', véase, EBAY, https://www.ebayinc.com/company (last visited Dec. 13, 2020).

[10] Véase, William Jefferson Clinton, President of U.S., Remarks by the President in Signing Ceremony for the Telecommunications Act, (Feb. 8, 1996) ("We will help to create an open marketplace where competition and innovation can move as quick as light. . . . . This simple act will move us one giant step closer to realizing a challenge I put forward in the State of the Union to connect all . . . to the Information Superhighway . . . not through a big government program, but through a creative ever-unfolding partnership led by scientists and entrepreneurs, supported by business and government and communities working together.") (available at https://clintonwhitehouse2.archives.gov/WH/EOP/OP/telecom/release.html).

Como parámetro de desarrollo y mejoramiento humano —razón de ser básica de toda acción estatal— no hay duda que los servicios de información, tecnología y comunicaciones, más allá de su efecto multiplicador en el crecimiento económico, son fundamentales para mejorar el nivel de inclusión de la sociedad en ese desarrollo, además de las obvias implicaciones educativas y de flujo libre de información e ideas, véase, International Telecommunication Union Administrative Council, ITU Council Contribution to the High-Level Political Forum on Sustainable Development (HLPF), General Introduction, https://sustainabledevelopment.un.org/index.php?page=view&type=30022&nr=1932&menu=3170.

[11] JINFAN ZHANG, THE TRADITION AND MODERN TRANSITION OF CHINESE LAW 339-50 (2014).

[12] En 2015, Beijing develó su política oficial al respecto: la llamada Ruta de la Seda Digital: imponer el principio de la ciber soberanía y crear un entorno político-jurídico amigable a la

hasta ahora efectiva cosmovisión iliberal.[13]

Como nueva potencia, China naturalmente busca afirmar su "ciber-soberanía",[14] sus modelos autoritarios de gobernanza, entre los cuales está el Great Firewall: la gran muralla tecnológica de censura y supresión de información a cargo del Ministerio de Seguridad Pública. Personas y tráfico constantemente vigilados; bloqueo de direcciones de Internet e interconexiones indeseables; criminalización y persecución de las innovaciones tecnológicas que logran evadir esas barreras. El estado del arte en soberanía nacional sobre Internet.[15]

Entre múltiples estrategias, [16] China busca establecer un

---

cosmovisión y capitalismo de estado chino, véase, Clayton Cheney, China's Digital Silk Road: Strategic Technological Competition and Exporting Political Illiberalism, 19 ISSUES & INSIGHTS (Pacific Forum, Working Paper No. 8, 2019), available at https://pacforum.org/wp-content/uploads/2019/08/issuesinsights_Vol19-WP8FINAL.pdf; véase también, China's Military Power Projection and U.S. National Interests: Hearing Before the U.S.-China Economic and Security Review Commission, 116th Cong (2020); véase también, Shen Jiang, Senior Principal Engineer, Huawei Technologies, Co., Ltd., New IP Networking for Network 2030, (2019) (available at https://www.itu.int/en/ITU-T/Workshops-and-Seminars/2019101416/Documents/Sheng_Jiang_Presentation.pdf) (propuesta de una nueva infraestructura IP presentada ante la Union Internacional de Telecomunicaciones por Huawei, multinacional de telecomunicaciones, bajo el control del estado chino).

[13] Sobre los temas de liberalismo y democracia, véase generalmente, FAREED ZAKARIA, THE FUTURE OF FREEDOM: ILLIBERAL DEMOCRACY AT HOME AND ABROAD, (2007). China es presa fácil, ¿pero habría imaginado Zakaria la construcción de un régimen iliberal gestado desde la Casa Blanca por el mismo presidente de EEUU?

[14] Ministry of Foreign Affairs, the People's Republic of China, International Strategy of Cooperation on Cyberspace (2017) (definen ciber soberanía como "[the] right [of individual states] to choose their own path of cyber development, model of cyber regulation and Internet public policies, and participate in international cyberspace governance on an equal footing. . . .") (available at https://www.fmprc.gov.cn/mfa_eng/wjb_663304/zzjg_663340/jks_665232/kjlc_665236/qtwt_665250/t1442390.shtml).

[15] No que los países liberales sean santos, en particular EEUU, véase por ejemplo, War Powers of President, 47 U.S.C. § 606 (2020); véase además infra notas 64 y 65.

[16] La llamada Ruta de la Seda Digital tiene objetivos de política exterior e interna que incluyen crear infraestructura digital centrada en China, exportar el exceso de capacidad industrial, facilitar la expansión de las corporaciones tecnológicas chinas, acceder a grandes conjuntos de datos y proyectar poder además de manipular las percepciones políticas, socavando los procesos democráticos en el extranjero. Si bien la Ruta de la Seda Digital de China tiene el potencial de mejorar la conectividad digital en las economías en desarrollo, al mismo tiempo tiene la capacidad de difundir el autoritarismo, reducir la democracia y frenar los derechos humanos fundamentales.

Específicamente, China: (1) está invirtiendo en infraestructura digital en el extranjero, incluidas redes celulares de próxima generación, cables de fibra óptica y centros de datos; (2) se enfoca en el desarrollo de tecnologías avanzadas, incluidos los sistemas de navegación por satélite, la inteligencia artificial y la computación cuántica; (3) reconoce la importancia de la interdependencia económica para su influencia internacional, por ello promueve el comercio electrónico a través de zonas de libre comercio digital, para reducir las barreras comerciales transfronterizas y establecer centros logísticos regionales; y (4)

ordenamiento internacional ideal para sus objetivos, y junto a varios aliados, busca gubernamentalizar al Internet global por vía de Naciones Unidas. Busca resolver un 'problema' de larga data en la agenda de los regímenes autoritarios:

Ningún estado ni entidad intergubernamental controla ni regula la Internet global. Las reglas, estándares y políticas de Internet se han establecido de forma fundamentalmente privada y técnica, en una conversación que envuelve organizaciones no gubernamentales, académicos, empresas, individuos y en menor grado, a los estados.

Durante mi presidencia del Foro Latinoamericano de Reguladores de Telecomunicaciones (REGULATEL), entidad intergubernamental de cooperación hemisférica y trasatlántica,[17] fue que abrí los ojos a la institucionalidad que mejor representa este 'problema': la Corporación de Internet para la Asignación de Nombres y Números (ICANN), una organización no-gubernamental de alcance global a cargo de aspectos críticos al funcionamiento del Internet.[18]

Una institución y una cultura que no solo permite, sino que invita, a que personas naturales y jurídicas dirijan los procesos de creación de ciertas normas y reglas del Internet global. Un espacio de participación internacional y autogobierno que no presta demasiada atención a la estadidad o la nacionalidad, y que expande las oportunidades de acción

---

trabaja para establecer su entorno digital internacional ideal a través de la diplomacia digital y la gobernanza multilateral. Esto ha incluido el uso de instituciones multilaterales para establecer estándares tecnológicos relacionados con la infraestructura de telecomunicaciones y promover el principio de ciber soberanía en los foros de la ONU. Véase, Net Politics, China's Digital Silk Road: Strategic Technological Competition and Exporting Political Illiberalism, COUNCIL ON FOREIGN RELATIONS (Sept. 26, 2019), https://www.cfr.org/blog/chinas-digital-silk-road-strategic-technological-competition-and-exporting-political.

[17] REGULATEL está conformada por 23 autoridades de tecnologías de información y comunicación de Iberoamérica, más España, Portugal e Italia). Puerto Rico es miembro pleno, con voz y voto, vía la Junta Reglamentadora de Telecomunicaciones (JRTPR, hoy Negociado de Telecomunicaciones); véase, REGULATEL, Acta de la XVII Asamblea Plenaria (17 y 18 de junio, 2014), http://regulatel.org/w/wp-content/uploads/2018/11/Acta-XVII-Asamblea-Plenaria-2014.pdf; véase además, LUIS ROSARIO ALBERT, REDES: ESTADO, EMPRESA Y TELECOMUNICACIONES EN PUERTO RICO (2016). Durante nuestra gestión también reactivamos la membresía plena de Puerto Rico, vía la JRTPR, en la Caribbean Association of National Telecomunications Organizations (CANTO), un ente regional transnacional caribeño que reúne autoridades públicas y compañías privadas de telecomunicaciones, véase, Current CANTO Membership, CANTO (last visited Dic. 13, 2020), https://www.canto.org/canto-membership/membership-list/.

[18] REGULATEL tiene estatus de Observador ante el Comité Asesor Gubernamental de ICANN (GAC, por sus siglas en inglés), véase GAC Membership, ICANN (last visited Dec. 13, 2020), https://gac.icann.org/about/members. El GAC es un comité asesor compuesto por 178 países miembros y 38 entidades observadoras. No es un órgano de toma de decisiones, sino que brinda asesoramiento a la ICANN sobre aspectos de política pública gubernamental en relación con el Sistema de Nombres de Dominio (DNS) de Internet, véase, Comité Asesor Gubernamental, ICANN (last visited Dec. 13, 2020), https://gac.icann.org.

internacional individual, incluyendo a ciudadanos de territorios no independientes como Puerto Rico.

Puertorriqueños sentados como iguales en la misma mesa con China o Irán en procesos de creación de políticas públicas concertadas y globalmente vinculantes. Y sirviendo de contrapeso a esos intereses y agendas.

II. ICANN Y DNS

ICANN (la Internet Corporation fon Assigned Names and Numbers) es un 'régimen global regulatorio'[19] que establece políticas públicas vinculantes transnacionalmente para un muy específico, pero crítico, espacio en Internet: el sistema de nombres de dominio (o DNS, por sus siglas en inglés).[20] A pesar de la importancia de sus funciones, ICANN es "una institución escasamente conocida y valorada en el campo académico".[21]

---

[19] Véase, MILTON MUELLER, RULING THE ROOT: INTERNET GOVERNANCE AND THE TAMING OF CYBERSPACE 211 (2002); Para datos y bibliografía de este autor, véase, Milton Mueller, ICANNWIKI (last edited Jan. 25, 2017), https://icannwiki.org/Milton_Mueller.

[20] En general la función de ICANN, según la sección 1.1 de sus estatutos, se resume como (i) asignación de nombres en la zona raíz del DNS, así como el desarrollo y la implementación de políticas relativas al registro de nombres de dominio de segundo nivel en gTLDs . . . . , para facilitar la apertura, interoperabilidad, resiliencia, seguridad y/o estabilidad del DNS . . . . a través de un proceso de múltiples partes interesadas basado en el consenso y diseñado para garantizar el funcionamiento estable y seguro de los sistemas de nombres únicos de Internet; (ii) facilitar la coordinación de la operación y la evolución del sistema de servidor de nombres raíz DNS; (iii) coordinar la asignación y asignación en el nivel más alto de los números IP y facilitar el desarrollo de las políticas de registro de números globales por parte de la comunidad afectada, y (iv) colaborar con otros organismos, según corresponda, véase, Section 1.1. Mission, Bylaws for Internet Corporation for Assigned Names and Numbers, ICANN (Nov. 28, 2019), https://www.icann.org/resources/pages/governance/bylaws-en/#article1 (traducción suplida). En otras palabras: ICANN es el repositorio central para los registros de nombres y números de protocolos; coordina las asignaciones de números IP (Protocolo de Internet) y AS (Sistema Autónomo) a los Registros Regionales de Internet (RIRs), que luego los redistribuyen a los proveedores de servicios de Internet (ISPs) dentro de sus regiones geográficas; procesa las solicitudes de cambio de la zona raíz para dominios de nivel superior (TLD); pone a disposición del público una base de datos (llamada WHOIS) de la zona raíz con información de contacto actual y verificada para todos los operadores de registro de TLD.

[21] Margarita Robles Carrillo, La Reforma de la Corporación para la Asignación de Nombres y Números de Internet (ICANN): Un análisis en términos de legitimidad, 70 REVISTA ESPAÑOLA DE DERECHO INTERNACIONAL 2, 177 (2018), http://www.revista-redi.es/wp-content/uploads/2018/08/7_estudios_reforma_corporacion_robles_carrillo-1.pdf; véase además, Hans Morten Haugen, The crucial and contested global public good: principles and goals in global internet governance, 9 INTERNET POLICY REVIEW (Jan. 28, 2020), https://policyreview.info/articles/analysis/crucial-and-contested-global-public-good-principles-and-goals-global-internet.

¿Y qué es el DNS? A diferencia del mapamundi, los lugares[22] y direcciones de Internet no se conciben en virtud de un territorio, ni de una jurisdicción.[23] El DNS es lo que permite la asignación y el uso de un identificador único para cada lugar y aparato en el ciberespacio. Dicho de otra forma, para que un website pueda existir en Internet (y para que un mensaje pueda arribar a su destino), es necesario asignarle un número de Protocolo de Internet o IP, por ejemplo, 104.27.155.194. Evidentemente, ese número es bastante difícil de recordar. Así, para 'marcarlo' fácilmente, basta recordar su correspondiente nombre de dominio: academiajurisprudenciapr.org/.[24]

ICANN controla la zona raíz, el archivo digital básico de direcciones de Internet;[25] por ello, es la autoridad global del DNS.[26] En esa

---

[22] Aquí, la palabra lugar incluye a todo aparato en Internet, no solo websites. Todo smartphone, tableta, computadora, sensores, autos y cualquier cosa en la era del Internet of Things (IoT) tiene un número IP, véase, Kevin Ashton, That 'Internet of Things' Thing, (Jun. 22, 2009) http://www.itrco.jp/libraries/RFIDjournal-That%20Internet%20of%20Things%20Thing.pdf; véase además, en general, Humberto Carrasco Blanc, Universidad Católica del Norte, Consideraciones sobre el conflicto entre los nombres de dominio y los signos distintivos en Chile: Una revisión a casi 20 años de nuestra primera aproximación, presentado en Jornadas Chilenas de Derecho Comercial (Sept. 9, 2019) (en archivo), http://www.jornadasderechocomercial2019.utalca.cl/docs/Programa_XJornadas_Chilenas2019.pdf.

[23] Milton Mueller y Farzaneh Badiei, Governing Internet Territory: ICANN, Sovereignty Claims, Property Rights and Country Code Top Level Domains, XVIII Columbia Science and Technology Law Review 437 (2017).

[24] Un ejemplo para explicar mejor el funcionamiento del sistema: si deseo ingresar a la página web de esta Academia, para ello debo ir a la dirección http://www.academiajurisprudenciapr.org. El comando http://www (Hypertext Transfer Protocol) expresa el protocolo de comunicación del sistema WWW (World Wide Web) el cual indica que la información se encuentra en hipertexto. La dirección academiajurisprudenciapr.org constituye el nombre completo de dominio de esta Academia. Este nombre de dominio está constituido por el nombre de dominio de primer nivel (a la izquierda del punto- <.org> y el de segundo nivel -a la derecha del punto- <.academiajurisprudenciapr>. La Internet descompone todo mensaje en partes llamadas 'paquetes' (el llamado Transmission Control Protocol o TCP). Estos paquetes viajan por las mejores rutas disponibles en la red. Cada paquete, o parte de un mensaje, incluye la dirección IP del remitente y la dirección IP del receptor previsto, contiene parte del cuerpo de su mensaje, y al llegar a su destino, se reconstituye, integro, véase, What is a packet?, HOWSTUFFWORKS https://computer.howstuffworks.com/question525.htm.

[25] La información del archivo de la zona raíz —TLDs y sus correspondientes direcciones IP— puede verse en INTERNIC, www.internic.net/domain/root.zone (last visited Dic. 13, 2020) (InterNIC es una predecesora de ICANN y es hoy manejada por ICANN, véase, InterNIC, TECHTERMS https://techterms.com/definition/internic (last visited Dec. 13, 2020)).

[26] La Autoridad de Números Asignados en Internet (IANA) es la entidad bajo el control de ICANN a cargo del mantenimiento de identidades únicas de registradores de internet, que incluyen los nombres de dominios, parámetros de protocolo, direcciones IP y nombres de dominios. IANA distribuye bloques de direcciones IP en los cinco (5) Registros Regionales de Internet (RIRs). Véase Root Zone Database, IANA (para todos los TLDs y sus gerentes), https://www.iana.org/domains/root/db (last visited Dec. 13, 2020).

raíz residen los dominios de nivel superior ("top-level domains o TLDs") que todos conocemos como <.com>, <.org>, .<net>, <.edu> o <.pr,>, otros menos conocidos como <.gay> o .<solar>,[27] así como los dominios 'internacionalizados', es decir, aquellos escritos con tildes, acentos y otros símbolos, o en caracteres no-romanos.[28]

Una sola zona raíz global y coordinada asegura que todas las tecnologías que usan DNS (sitios web, e-mail) funcionen irrespectivamente de la jurisdicción donde ubica el registrador o el operador del dominio de Internet,[29] o el proveedor de servicios de Internet.[30]

En fin, y en términos no técnicos, los nombres de dominio son como el número de una casa en una calle. Permite a las personas naturales recordarlas y encontrarlas. Las direcciones o números IP, por otro lado, son la ubicación geográfica de las casas, sus coordenadas específicas en el ciberespacio de múltiples autopistas, carreteras y calles.

ICANN, una corporación sin fines de lucro organizada en California,[31] controla las coordenadas y los nombres de todos los lugares en la Internet, y también controla el mapa mismo, pues solo ICANN tiene acceso a la zona raíz y sus archivos. ICANN manda en ese espacio

---

[27] Unos TLDs se categorizan como "de país" (country code o ccTLDs), siempre de dos letras, como <.mx>, <.uk>, <.pr>) y todos los demás, como "genéricos" (gTLDs), de tres letras o más. Para un listado de nuevos gTLDs delegados pro ICANN, ver, <https://newgtlds.icann.org/en/program-status/delegated-strings>.

[28] El espacio de nombres de Internet inicialmente solo utilizaba 23 letras del alfabeto latino, sin acentos, ni tildes, ni símbolos. Los nombres de dominio "internacionalizados" (IDNs) permiten otros alfabetos, incluidos árabe, cirílico y sistemas no-alfabéticos como el chino mandarín en el primer nivel (a la derecha del punto) y en segundo nivel (a la izquierda del punto de un nombre de dominio). Por ejemplo, <http://실례.테스트> ("<ejemplo.test> en la escritura Coreana Hangul) o <http://puertorriqueño.org>, ambos casos hipotéticos. Véase, IDNs: Nombres de Dominio internacionalizados, ICANN, https://www.icann.org/en/system/files/files/factsheet-idn-fast-track-oct09-es.pdf (last visited Dic. 13, 2020).

[29] De hecho, también gracias a normas establecidas por ICANN (normas WHOIS), es fácil constatar que el 23 de abril de 2009, esta Academia adquirió el derecho sobre el nombre de dominio de segundo nivel (a la izquierda del punto), '<academiajurisprudenciapr.>' de un registrador (minorista), operando en virtud de un Acuerdo de Acreditación con ICANN. Por su parte, el <.org> había sido delegado por ICANN en 1985 a un operador (mayorista), de conformidad a otro contrato, llamado Acuerdo de Registro. Toda persona que desee registrar un nombre dominio (SLD) bajo un gTLD lo hace vía un Registrador Acreditado por ICANN. Hay cientos de Registradores Acreditados en todo el mundo, véase, Description and Contact Information for ICANN-Accredited Registrars, ICANN (Dec. 30, 2020), http://www.internic.net/regist.html. En este caso, la Academia utilizó los servicios del Registrador Acreditado por ICANN Tucows Inc., véase, Domain Naim Registration Data Lookup, ICANN LOOKUP, https://lookup.icann.org/lookup (last visited Dec. 20, 2020).

[30] Milton Mueller y Farzaneh Badiei, supra, nota 23 en las págs. 442-43.

[31] Según sus estatutos, ICANN es operada exclusivamente para fines benéficos, educativos y científicos dentro del significado de §501(c)(3) del Código de Rentas Internas Federal. Amended and Restated Articles of Incorporation of ICANN, ICANN (2016), https://www.icann.org/resources/pages/governance/articles-en.

transfronterizo. Y ICANN es fundamentalmente autogobernada por individuos voluntarios.

¿Cómo es esto posible? ¿Es esto legítimo desde la perspectiva del derecho internacional?

III. DERECHO TRANSNACIONAL: EROSIÓN DEL MODELO WESTFALIANO E ICANN COMO EJEMPLO

La creciente presencia de actores globales privados[32] evidencian la caducidad del paradigma post westfaliano, en donde los únicos sujetos del derecho internacional eran estados soberanos.[33]

Desde su mismísima fundación, la ONU abrió sus puertas a la participación formal de organizaciones no gubernamentales (ONGs) —entidades privadas—, en su Consejo Económico y Social (ECOSOC).[34] ECOSOC, como sabemos, realiza estudios, informes, presenta recomendaciones e incluso proyectos de tratados internacionales a la Asamblea General y a países miembros, en temas económicos, sociales, culturales, educativos, sanitarios y relativos a la promoción de los derechos humanos.[35]

En la ONU también se han gestionado instrumentos internacionales que admiten la legitimación activa internacional de personas privadas; algo antes impensable en las relaciones entre estados soberanos. Así, el Primer Protocolo del Pacto Internacional de Derechos Civiles y Políticos,[36] faculta

---

[32] Véase, generalmente, Richard Falk, The Post-Westphalian Enigma, en GLOBAL GOVERNANCE IN THE 21ST CENTURY: ALTERNATIVE PERSPECTIVES ON WORLD ORDER, 147 (Björn Hettne y Bertil Odén, eds., 2002).

[33] La Paz de Westfalia de 1648 marca el nuevo orden en Europa basado en el concepto de soberanía nacional, el reconocimiento mutuo entre soberanos y la no interferencia. El estado-nación soberano e independiente sería el único jugador internacional. "Sovereign states rather than non-state actors, where the legitimate actors in the international system", véase, DAVID REZVANI, SURPASSING THE SOVEREIGN STATE: THE WEALTH, SELF-RULE, AND SECURITY ADVANTAGES OF PARTIALLY INDEPENDENT TERRITORIES 238 (2014) (Este autor estudia los 'partially independent territories' (PITs) y considera a Puerto Rico uno de ellos).

[34] Véase, The Economic and Social Council, CHARTER OF THE UNITED NATIONS (1945) https://www.un.org/en/charter-united-nations; véase, además, id., en el Artículo 71 ("El Consejo Económico y Social podrá hacer arreglos adecuados para celebrar consultas con organizaciones no gubernamentales que se ocupen en asuntos de la competencia del Consejo. Podrán hacerse dichos arreglos con organizaciones internacionales y, si a ello hubiere lugar, con organizaciones nacionales, previa consulta con el respectivo Miembro de las Naciones Unidas.").

[35] Id, en el Articulo 62.

[36] Protocolo Facultativo del Pacto Internacional de Derechos Civiles y Políticos, Dic. 16, 1966, 999 U.N.T.S. 171.

Existen instrumentos similares que reconocen legitimación activa individual bajo otras convenciones, por ejemplo, véase Optional Protocol to the Convention on the Rights of Persons with Disabilities, Dic. 13, 2006, 2518 U.N.T.S. 283 y en la Convención Internacional sobre la Eliminación de todas las Formas de Discriminación Racial, 21 Dic. 1965, 660 U.N.T.S. 195.

al Comité de Derechos Humanos de la ONU para recibir causas de individuos que aleguen ser víctimas de violaciones estatales de los derechos reconocidos en ese tratado.

La ONU ha evolucionado al punto de invitar permanentemente a actores privados y comerciales a la Asamblea General, concediendo acceso a las reuniones, derecho a dirigirse al pleno y a presentar documentos. Así, el 20 de octubre de 2009, la ONU otorgó al Comité Olímpico Internacional (COI), una corporación suiza, el estatus de observador de la ONU.[37] Y en 2017, otorgó dicho estatus a la Cámara de Comercio Internacional (ICC, por sus siglas en inglés),[38] entidad que representa internacionalmente intereses privados comerciales de su membresía global.[39]

No resulta controversial entonces, que también se le haya concedido a ICANN el estatus de miembro sectorial (sector member)[40] de

---

[37] Véase, G.A. Res. 64/3, U.N. Doc. A/RES/64/3 (Oct. 19, 2009); véase además, Lista de Estados no miembros, entidades y organizaciones que han recibido una invitación permanente para participar en calidad de observadores en los períodos de sesiones y en los trabajos de la Asamblea General, A/INF/73/5, (Sept. 4, 2009).

[38] International Chamber of Commerce, https://iccwbo.org/ (last visited Dec. 20, 2020).

[39] Véase, Otorgamiento de la condición de observadora en la Asamble General a la Cámara de Comercio Internacional, G.A. Res. 71/156, U.N. Doc. A/RES/71/156 (Dic. 13, 2016); véase también, Otorgamiento de la condición de observadora en la Asamble General a la Cámara de Comercio Internacional, U.N. Doc. A/71/530 (Nov. 14, 2016); Al presentar la resolución presentada junto a Albania, Colombia, Holanda y Túnez, el Representante Permanente de Francia expresó que "[e]l sector privado puede aportar recursos clave al conocimiento, la experiencia, el acceso y el alcance —que a menudo son cruciales para avanzar en los Objetivos de las Naciones Unidas. . . . El otorgamiento de la condición de observador permanente a la CPI en la Asamblea General fortalecerá las relaciones entre la ONU, sus Estados Miembros y la comunidad empresarial mundial y mejorará los modelos inclusivos de cooperación afectados. La solicitud de la ICC para obtener el estatus de observador y representar puntos de vista de negocios en la Asamblea General es parte de la histórica misión de fomentar la paz y la prosperidad a través del comercio mundial."

La Asamblea General efectivamente aceptó a una organización empresarial como observador. Hasta ese momento, esa lista se limitaba a Estados no-miembros (Palestina, Santa Sede), y organizaciones intergubernamentales como la Unión Africana y la Organización para la Cooperación y el Desarrollo Económico (OCDE). Una aparente implicación, es que si la ONU ya no mira si el potencial observador es un estado y además acepta entidades no gubernamentales y corporativas en carácter de observadores, entonces no parece existir una limitación a que territorios no soberanos también sean invitados en ese carácter a la Asamblea General.

[40] Específicamente, ICANN, junto a otras entidades, —algunas de carácter público y otras privadas—, es desde junio de 2019 miembro del sector D (Desarrollo). Véase, UIT, List of ITU-D Sector Members, INTERNATIONAL TELECOMMUNICATION UNION, https://www.itu.int/online/mm/scripts/gensel11?_memb=S&_sect=D. Al ser incluida como miembro, ICANN expresó, inter alia, que ello constituye "an important recognition of the reciprocal relationship between the two organizations. ICANN's ability to serve as a sector member in the ITU-D provides an opportunity for ICANN org to effectively communicate the role of ICANN, and as appropriate, to defend ICANN's Mission and multistakeholder processes.

la Union Internacional de Telecomunicaciones (UIT), la agencia especializada de la ONU en materia de tecnologías de información y telecomunicación.[41]

Cabe también mencionar las diversas organizaciones intergubernamentales (públicas) que promueven agendas del derecho privado, como la Conferencia de La Haya de Derecho Internacional Privado[42] o la Comisión de las Naciones Unidas para el Derecho Mercantil Internacional, (UNCITRAL, por sus siglas en inglés).[43] Aún más pertinentes a nuestra discusión, son aquellas que, sin ser públicas o intergubernamentales, aplican normas internacionales, como el Comité

This action is within ICANN's mission as ICANN's engagement with other technical organizations serves and enhances ICANN's ability to ensure the stable and secure operation of the Internet's unique identifier system. It is in the public interest in that it upholds and recognizes the role of other entities in the broader ecosystem and the value in keeping open lines of communication, as well as upholding the value of ICANN's multistakeholder model.", véase Approved Board Resolutions | Open Session of Board workshop, Los Angeles | Regular Meeting of the ICANN Board, ICANN (Sep. 8, 2019), https://www.icann.org/resources/board-material/resolutions-2019-09-08-en#1.f; ITU-D Membership Acknowledgement, Resolution of the ICANN Board, ICANN (Sep. 8, 2019), https://features.icann.org/itu-d-membership-acknowledgement.

[41] INTERNATIONAL TELECOMMUNICATIONS UNION, https://www.itu.int/en/about/Pages/default.aspx (last visited Dec. 21, 2020).

[42] La Conferencia de La Haya de Derecho Internacional Privado, trabaja hacia la "unificación progresiva" de las reglas tocantes a la cooperación judicial internacional y la "seguridad jurídica". Véase, Sélection d'articles et livres sur la Conférence de La Haye et ses Conventions en général, HCCH https://www.hcch.net/fr/about/bibliography (last visited Dec. 22, 2020).

[43] UNCITRAL promueve la armonización y modernización progresiva del derecho mercantil internacional mediante la elaboración de convenios y leyes modelo, incluyendo temas locales y privados, como contratación gubernamental, pequeñas y medianas empresas y garantías mobiliarias, véase, Comisión de las Naciones Unidas para el Derecho Mercantil Internacional, NACIONES UNIDAS, https://uncitral.un.org/es/texts (last visited Dic. 22, 2020); véase además, René David, The International Unification of Private Law, in 2 INTERNATIONAL ENCYCLOPEDIA OF COMPARATIVE LAW 144 (René David chief ed., 1972).

La Organización de Estados Americanos (OEA) también ha producido convenciones en temas como la personalidad y capacidad jurídica de personas naturales, véase Convención Interamericana sobre Personalidad y Capacidad de Personas Jurídicas en el Derecho Internacional Privado, May. 24, 1984, http://www.oas.org/juridico/spanish/tratados/b-49.html; Convención Interamericana sobre Derecho Aplicable a los Contratos Internacionales, Mar. 17, 1994, http://www.oas.org/juridico/spanish/tratados/b-56.html (contratos internacionales); Convención Interamericana sobre Domicilio de las Personas Físicas en el Derecho Internacional Privado, May. 8, 1979, http://www.oas.org/juridico/spanish/tratados/b-44.html (domicilio); Declaración sobre la Personalidad Jurídica de las Compañías Extranjeras, Séptima Conferencia Internacional Americana, Res. Núm. XLVIII, http://www.oas.org/juridico/spanish/tratados/c-5.html (personalidad jurídica de corporaciones); Convención Interamericana sobre Conflictos de Leyes en Materia de Cheques, Jan. 30, 1975 http://www.oas.org/juridico/spanish/tratados/b-34.html; Tratados Multilaterales Interamericanos, OEA, http://www.oas.org/es/sla/ddi/tratados_multilaterales_interamericanos_texto_materia.asp#DEREINTPRIV (last visited Dic. 22, 2020) (entre otros asuntos).

Internacional de la Cruz Roja (CICR o Cruz Roja Internacional) y la Agencia Mundial Anti-Dopaje (AMA).[44]

La Cruz Roja Internacional se estableció como una asociación privada en virtud del derecho suizo en 1863, investida con mandatos, privilegios e inmunidades bajo el derecho humanitario,[45] categoría indiscutible del más ortodoxo derecho internacional público.[46]

---

[44] Constitutive Instrument of Foundantion of the Agence Mondiale Antidopage, World Anti-Doping Agency (Nov. 20, 2016), https://www.wada-ama.org/sites/default/files/resources/files/new_statutes_-_modified_november_2016_approved_dec_2017.pdf; véase además, Convención Internacional contra el Dopaje en el Deporte, UNESCO http://www.unesco.org/new/es/social-and-human-sciences/themes/anti-doping/international-convention-against-doping-in-sport/background/; véase además, Lorenzo Casini Domingo, Hybrid Public-Private Bodies within Global Private Regimes: The World Anti-Doping Agency (WADA), en GLOBAL ADMINISTRATIVE LAW – CASES, MATERIALS, ISSUES, 38 (2008) ("The field of sports regulation has . . . generated a very complex set of subjects and norms, even with a specific dispute settlement body (the Court of Arbitration of Sport): it is for this reason that some talk of "International Sports Law", "Global Sports Law" or a lex sportiva. . . . . There exists, in fact, one Olympic regime, ruled by the IOC, and many other international sports regimes (as many as there are international sports) ruled by each IF; most of the latter are within the Olympic Movement, but some fall outside the IOC's jurisdiction (such the International Cricket Council and the Federation International de l'Automobile").

[45] El derecho internacional humanitario confiere expresamente ciertos derechos al CICR, como el de visitar prisioneros de guerra o internos civiles y proporcionarles suministros de socorro, véase Convenio de Ginebra (III) relativo al trato de los prisioneros de guerra del 12 de agosto 1949, Arts. 73, 122, 123 y 126, 75 U.N.T.S. 135 (entró en vigor el 21 de octubre de 1950) (GC III); Convenio de Ginebra (IV) relativo a la protección de personas civiles en tiempo de guerra de 12 de agosto de 1949, Arts. 76, 109, 137, 140 y 143, 75 U.N.T.S. 287 (entró en vigor 21 de octubre de 1950) (CG IV); También reconoce el derecho de iniciativa del CICR (concebir y proponer acciones con el objetivo de preservar la vida de las personas y las poblaciones en peligro, sin que los Estados consideren estas acciones como injerencias en sus asuntos internos) en el evento de conflicto armado, ya sea internacional o no internacional, véase Convenio de Ginebra, Art. 3 y Arts. 9/9/9/10 común a los cuatro Convenios.

[46] Els Debuf, Tools to do the job: The ICRC's legal status, privileges and immunities, 97 INTERNATIONAL REVIEW OF THE RED CROSS 319-344 (2016); véase, Convenio de Ginebra (I) para la mejora de la condición de los heridos y enfermos en las fuerzas armadas en el campo del 12 de agosto de 1949, 75 U.N.T.S. 31 (entró en vigor el 21 de octubre de 1950) (CG I); Ginebra Convenio (II) para la mejora de la condición de los heridos, enfermos y náufragos miembros de las Fuerzas Armadas en el mar del 12 de agosto de 1949, 75 U.N.T.S. 85 (entró en vigor el 21 de octubre 1950) (GC II); Convenio de Ginebra (III) relativo al trato de los prisioneros de guerra del 12 de agosto 1949, 75 U.N.T.S. 135 (entró en vigor el 21 de octubre de 1950) (GC III); Convenio de Ginebra (IV) relativo a la protección de personas civiles en tiempo de guerra, de 12 de agosto de 1949 75 U.N.T.S. 287 (entró en vigor 21 de octubre de 1950) (CG IV), Protocolo Adicional (I) a los Convenios de Ginebra del 12 de agosto de 1949 y relativo a la protección de las víctimas de conflictos armados internacionales, Ginebra, 8 de junio de 1977, 1125 U.N.T.S. 3 (entró en vigor el 7 de diciembre de 1978) (AP I); y Protocolo Adicional (II) a Convenio de Ginebra del 12 de agosto de 1949 y relativos a la protección de las víctimas conflictos armados no internacionales, 8 de junio de 1977, 1125 U.N.T.S. 609 (entró en vigor el 7 de diciembre de

La AMA, por su parte, es una "fundación" privada, sin fines de lucro, bajo el código civil suizo que, conforme a la Declaración de Lausana sobre Dopaje en el Deporte,[47] monitorea y pone en vigor el Código Mundial Antidopaje por vía de las federaciones deportivas, comités olímpicos nacionales y estructuras cuasi-judicales de países y territorios firmantes.[48]

Evidentemente, los deslindes jurídicos tradicionales entre lo público y lo privado[49] resultan inadecuados para describir una dinámica

---

1978) (AP II), todos disponibles en Treaties, States Parties and Commentaries, ICRC, www.icrc.org/ihl (last visited Dic. 22, 2020).

[47] Lausane Declaration on Doping in Sport, World Conference on Doping in Sport, Feb. 4, 1999, https://www.wada-ama.org/sites/default/files/resources/files/lausanne_declaration_on_doping_in_sport.pdf (esta declaración es parte del soft law internacional, pero ello no reduce su relevancia); Véase Joseph Gold, Strengthening the Soft International Law of Exchange Arrangements, 77 AM J. INTíL L. 443 (1983); véase además, Governance, WORLD ANTI-DOPING AGENCY, https://www.wada-ama.org/en/governance (last visited. Dec. 20, 2020) (La AMA es financiada por el COI y por varios gobiernos nacionales y su toma de decisiones recae en una junta de 38 miembros compuesta en partes iguales por representantes del COI y de gobiernos nacionales, quienes se alternan la presidencia. Sus estatutos establecen al Tribunal de Arbitraje para el Deporte como la máxima jurisdicción en la decisión de casos relacionados con el dopaje).

[48] WORLD ANTI-DOPING AGENCY, WORLD ANTI-DOPING CODE (2021) (Este código ha sido adoptado por más de 600 organizaciones deportivas y comités olímpicos nacionales. El Comité Olímpico de Puerto Rico (COPUR), es miembro desde 2005, véase WADA v. Panel Anti-Dopaje de la Comisión Anti-Dopaje de Puerto Rico (2008), disponible en https://www.wada-ama.org/sites/default/files/resources/files/ortiz_puerto_rico_antidopaje.pdf; véase además, SENADO DE PUERTO RICO, LIII DIARIO DE SESIONES 36 (Abril 28, 2005, disponible en https://www.senado.pr.gov/Sessionsdiary/042805.pdf; Múltiples estados soberanos han incorporado directamente estas normas mediante la adopción de la Declaración Internacional de Copenhague contra el Dopaje en el Deporte, véase, Declaración de Copenhague sobre antidopaje en el deporte, disponible en https://www.wada-ama.org/sites/default/files/resources/files/WADA_Copenhagen_Declaration_ES.pdf, véase también, Copenhague Declaration List of Signatories, WORLD ANTI-DOPING AGENCY, https://www.wada-ama.org/en/copenhagen-declaration-list-of-signatories (last visited Dec. 18, 2020); Convención Internacional contra el Dopaje en el Deporte, Organización de las Naciones Unidas para la Educación, la Ciencia y la cultura (2005), http://portal.unesco.org/es/ev.php-URL_ID=31037&URL_DO=DO_TOPIC&URL_SECTION=201.html.

[49] Se dice que el derecho internacional público estudia y busca regular el comportamiento entre estados soberanos entre sí y entre las organizaciones intergubernamentales, mientras que derecho internacional privado, el llamado conflict of laws anglosajón, se refiere a la resolución de controversias entre personas naturales o jurídicas en el contexto de litigios transfronterizos, véase, RESTATEMENT (THIRD) OF THE FOREIGN RELATIONS LAW OF THE UNITED STATES §101 (1987) y RESTATEMENT (SECOND) CONFLICT OF LAWS §2 (1971); véase, además, Ralph G. Steinhardt, The Privatization of Public International Law, 25 Geo. Wash. J. Int'l L. & Econ. 523 (1991) ("[S]cholars who have defined 'private international law' as conflict-of-law principles have long argued that public international law ought to inform the resolution of transnational jurisdictional disputes and choice-of-law controversies. . . . . And increasingly, the community of nations has promoted and regulated

actualidad internacional en donde actores e instituciones privadas cohabitan con estados soberanos y sus organismos intergubernamentales.[50]

Philip Jessup fue quien primero[51] utilizó el término derecho transnacional para describir esta juridicidad transfronteriza y público-privada: "todo el derecho que regula acciones o eventos que trascienden fronteras nacionales. Tanto el derecho internacional público como el privado se incluyen, al igual que otras reglas que no se ajustan totalmente a dichas categorías".[52]

---

international business transactions —the competing denotation of 'private international law' in the modern age— by using public international instruments, such as treaties and declarations of principles.").

[50] El tema medioambiental es otro fenómeno de raíz muy privada y local, que, a mayor escala y por su propia naturaleza, revela su naturaleza transfronteriza, transnacional. Pensemos en sus orígenes en los daños o torts de estorbo (nuisance) e invasión de propiedad (trespass); remedios y compensaciones retrospectivas fundamentadas en la protección de la propiedad privada, véase, SALZMAN, J. AND THOMPSON, B., ENVIRONMENTAL LAW AND POLICY, 9, 41 (2003). Pero ante los evidentes impactos globales de nuestra especie, la atención es hoy, lógicamente, transfronteriza. Al menos desde la Conferencia de Estocolmo sobre el Medio Ambiente Humano de 1972, la cual dio pie el establecimiento del Programa de Naciones Unidas para el Medio Ambiente (PNUMA o UNEP, por sus siglas en inglés), esto es indiscutible, véase, Report of the United Nations Conference on the Human Environment, Stockholm, Jun. 5-16, 1972, https://www.un.org/ga/search/view_doc.asp?symbol=A/CONF.48/14/REV.1; véase además, TRAIL SMELTER CASE, US/Canada, III REPORTS OF INTERNATIONAL ARBITRAL AWARDS 1905-82 (Apr. 16, 1938 and Mar. 11, 1941), https://legal.un.org/riaa/cases/vol_III/1905-1982.pdf. Cabe notar que actores no estatales como Greenpeace, una ONG ambiental, cuentan con abogados internacionales especializados para intervenir en litigios estratégicos para avanzar en la lucha contra la destrucción del medio ambiente y promover para fortalecer los derechos ambientales y humanos en todo el mundo, véase, Legal Unit, GREENPEACE, https://www.greenpeace.org/international/explore/about/legal/. Además, Greenpeace ha sido protagonista en litigios internacionales importantes, como el caso Rainbow Warrior, Tribunal Arbitral Francia-Nueva Zelandia, 30 de abril de 1990, véase, XX REPORTS OF INTERNATIONAL ARBITRAL AWARDS 215-84 (1990), https://legal.un.org/riaa/cases/vol_XX/215-284.pdf, entre otros; véase, Key Cases, GREENPEACE, https://www.greenpeace.org/international/explore/about/legal/#key-cases (last visited Dec. 19, 2020).

[51] Otros autores han propuesto más recientemente el concepto derecho global para categorizar estos fenómenos, véase, RAFAEL DOMINGO, THE NEW GLOBAL LAW 100 (2010) ("[S]overeignty has consolidated a world order in which the power of a few states prevails on the authority of international bodies, which have been deprived of the tools necessary to exercise real power. International Law has not known how to make space for new international agents, especially non-governmental organizations (NGOs) and transnational companies, which would diversify forms of participation and decision making in international governance. Global law promotes new institutions to transform the way global actors operate in the international arena. A new mentality must prevail to limit the excesses of sovereignty and create a world in which inequalities among peoples and nations are mitigated by the law, which in turn is strengthened by new tools and actors."

[52] PHILIP JESSUP, TRANSNATIONAL LAW 1-2 (1956), http://iglp.law.harvard.edu/wp-content/uploads/2014/10/IELR-3-Jessup-Transnational-Law.pdf ("Normally it is both hopeless and inadvisable to try to alter a generally accepted terminology, but in this case linguistic usage is so misleading that it seems to me right to make the attempt. . . . . My

El Internet global es un gran mercado transnacional y como todo mercado, no puede ser realmente libre ni justo sin parámetros jurídicos. Existe dentro del derecho transnacional. Muchos de sus espacios cruciales, sin duda, seguirán requiriendo respuestas mayormente estatales e intergubernamentales; por ejemplo la tributación justa de corporaciones multinacionales (particularmente los gigantes estadounidenses de Internet), [53] y la persecución efectiva del cibercrimen; hoy actores criminales como ISIS coordinan y se comunican indetectablemente, sin consideración de fronteras, gracias a funcionalidades como la encriptación de punto a punto, cuyo objetivo principal, irónicamente, es liberal: la protección de la privacidad de los usuarios de Internet.[54]

---

choice of terminology will no doubt be equally unsatisfactory to others. Nevertheless, I shall use, instead of "international law," the term "transnational law" to include all law which regulates actions or events that transcend national frontiers. Both public and private international law are included, as are other rules which do not wholly fit into such standard categories..... Transnational situations, then, may involve individuals, corporations, states, organizations of states, or other groups. . . . . When one considers that there are also in existence more than 140 intergovernmental organizations and over 1,100 nongovernmental organizations commonly described as international, one realizes the almost infinite variety of the transnational situations which may arise.").

[53] La comunidad internacional ha reafirmado su compromiso de lograr una solución a largo plazo de los desafíos fiscales derivados de la digitalización de la economía global, y continuará trabajando para alcanzar un acuerdo internacional al respecto, véase Statement by the OECD/G20 Inclusive Framework on BEPS on the Two-Pillar Approach to Address the Tax Challenges Arising from the Digitalisation of the Economy, Organisation for Economic Co-operation and Development, Jan. 29-30, 2020, http://www.oecd.org/tax/beps/statement-by-the-oecd-g20-inclusive-framework-on-beps-january-2020.pdf; véase, La comunidad internacional renueva el compromiso con las iniciativas multilaterales dirigidas a resolver los desafíos fiscales derivados de la digitalización de la economía, OCDE, https://www.oecd.org/centrodemexico/medios/lacomunidadinternacionalrenuevaelcompromisoaresolverlosdesafiosfiscalesderivadosdeladigitalizaciondelaeconomia.htm (última visita Dic. 15, 2020).

[54] El 8 de noviembre de 2018, la Asamblea General de la ONU aprobó dos propuestas separadas, una presentada por Rusia, véase U.N. GAOR, 73rd Sess., U.N. Doc. A/C.1/73/L.27/Rev.1 (Oct. 29, 2018) (apoyada por Argelia, Angola, Azerbaiyán, Bielorrusia, Bolivia, Burundi, Camboya, China, Cuba, Corea del Norte, Congo, Eritrea, Irán, Kazakstán, Laos, Madagascar, Malawi, Namibia, Nepal, Nicaragua, Pakistán, Samoa, Sierra Leona, Surinam, Siria, Tayikistán, Turkmenistán, Uzbekistán, Venezuela y Zimbabue), y otra presentada por EEUU, véase U.N. GAOR, 73rd Sess., U.N. Doc. A/C.1/73/L.37 (Oct. 18, 2018) (apoyada por Australia, Austria, Bélgica Bulgaria, Canadá, Croacia, Chipre, Chequia, Dinamarca, Estonia, Finlandia, France, Georgia, Alemana, Grecia, Hungría, Irlanda, Israel, Italia, Japón, Letona, Lituania, Luxemburgo, Malawi, Malta, Países Bajos, Polonia, Portugal, Rumania, Eslovaquia, Eslovenia, España, Suecia, Ucrania, y Reino Unido), creando sendos grupos de trabajo con el objetivo de desarrollar reglas para los estados y un comportamiento responsable en el ciberespacio. La adopción de dos Resoluciones separadas, pero con mandatos similares muestra los choques geopolíticos en visiones sobre regulación internacional del ciberespacio: por un lado, algunos estados abogan por la protección de las libertades fundamentales en el uso de las TIC, mientras otros están más preocupados por su capacidad para controlar las infraestructuras de TIC y regular

Pero en otros espacios, hoy se demuestra que la intervención sustancial de individuos y actores no gubernamentales en gestiones internacionales es conveniente y apropiada. Ya la doctrina empieza a describir instituciones como ICANN, bajo la subcategoría de "regulación privada internacional".[55] ICANN es solo una entre diversas entidades privadas con responsabilidades globales en Internet.[56] Pero resulta la más interesante; no solo por sus procesos y poderes prescriptivos transnacionales,[57] sino porque estos están plenamente abiertos a y dirigidos

---

las actividades en línea dentro de su entorno doméstico, véase, Government of Canada, Explanation of vote on Resolution L.27/rev1: Developments in the field of information and telecommunications in the context of international security (Nov. 7 2018), available at https://reachingcriticalwill.org/images/documents/Disarmament-fora/1com/1com18/eov/L27L37_Canada.pdf; véase también, Developments in the field of information and telecommunications in the context of international security, UNITED NATIONS, https://www.un.org/disarmament/ict-security/ (last visited Dec. 13, 2020).

No hay duda, que en lo que corresponde ciberseguridad, la presión de crear regímenes nacionales o intergubernamentales va en aumento. Basta escuchar la reacción de la ex Primera Ministro May tras los ataques de ISIS en Londres del verano de 2017: concertar un nuevo tratado internacional contra los actores no-estatales yihadistas, véase, Rashmee Roshan, A new Snooper's Charter won't prevent another terror attack – but a dedicated online police force might, THE INDEPENDENT (Jun. 5, 2017), https://www.independent.co.uk/voices/theresa-may-london-bridge-terror-attack-radical-islamists-snoopers-charter-online-police-force-a7773426.html; Kate Samuelson, Read Prime Minister Theresa May's Full Speech After the London Bridge Attack, TIME (Jun. 4, 2017), https://time.com/4804640/london-attack-theresa-may-speech-transcript-full/. En EEUU, podemos prever que un nuevo presidente tome acciones afirmativas para combatir la interferencia cibernética extranjera en procesos electorales, véase, por ejemplo, ANGUS KING & MARK GALLAGHER, CYBERSPACE SOLARIUM COMMISSION (CSC) REPORT (2020) (comisión congresional bipartidista creada en 2019 para "desarrollar un consenso sobre un enfoque estratégico para defender a los Estados Unidos en el ciberespacio contra ataques cibernéticos de consecuencias significativas") (traducción suplida), https://www.solarium.gov.

[55] Véase, LEE A BYGRAVE, INTERNET GOVERNANCE BY CONTRACT, 6 (2015); véase, Fabrizio Cafaggi, New Foundations of Transnational Private Regulation, 38 J L & SOC'Y 20 (2011); véase también, TOBIAS MAHLER, GENERIC TOP-LEVEL DOMAINS: A STUDY OF TRANSNATIONAL PRIVATE REGULATION, 72-73 (2019) (Para Mahler, partiendo de Jessup y Caffagi, ICANN pertenece a esta subcategoría del derecho transnacional, como: "un nuevo conjunto de reglas, prácticas y procesos creados principalmente por actores privados, que ejercen un poder regulador autónomo o implementan poderes delegados por el derecho internacional o nacional. Otros ejemplos de marcos regulatorios en esta categoría incluyen reglas privadas transnacionales sobre la participación en competiciones deportivas, como los Juegos Olímpicos. . . .".) (traducción suplida).

[56] Véase generalmente, Lawrence Solum, Models of Internet Governance en INTERNET GOVERNANCE: INFRASTRUCTURE AND INSTITUTIONS, (Lee Bygrave and Jon Bing eds., 2009).

[57] Las otras entidades no pueden describirse como prescriptivas ni regulatorias, pues solo sugieren estándares y reglas, no las promulgan, como ICANN. Resalta ISOC (Internet Society), que se preocupa por la coordinación a largo plazo del desarrollo de Internet. ISOC es una especie de organización sombrilla —hogar institucional para IETF, IAB y otras—, véase, ISOC, https://www.internetsociety.org/ (last visited Dec. 18, 2020) y cuenta con capítulos locales a través de todo el mundo, incluyendo Puerto Rico, véase, ISOC PUERTO RICO CHAPTER, http://www.isoc.pr/ (last visited Dec. 18, 2020). Dentro de, o asociadas a

por ciudadanos de todo el planeta, incluyendo a los puertorriqueños, tema que exploraremos más adelante.

Gubernamental o no gubernamental; esa es la pregunta. Es la fundamental y persistente tensión en los debates de gobernanza del DNS y del Internet. Una de las batallas en la guerra por el Internet. A pesar de precedentes como el COI, la Cruz Roja Internacional, y la AMA, países como China persistentemente cuestionan la legitimidad institucional de ICANN. Sostienen que si su función es "vital"; si el DNS es un "recurso crítico" y un "bien público global", entonces ese campo debería ser gestionado por un ente intergubernamental bajo la ONU, como la UIT o la Organización Mundial de Propiedad Intelectual.[58]

Como veremos, resolver temporeramente esta tensión de hecho motivó la emancipación y renacimiento de ICANN como un nuevo y paradigmático organismo del derecho transnacional; una entidad a cargo no de algún país o grupo de países, sino de la "comunidad global de múltiples partes interesadas", a la cual pertenezco.

IV. MULTILATERALIDAD VS. MULTISTAKEHOLDERISMO E ICANN

Hasta el 1ro de octubre de 2016, ICANN ejercía sus funciones conforme a una delegación contractual de la Administración Nacional de Telecomunicaciones e Información del Departamento de Comercio de los Estados Unidos (NTIA).[59] Pero en ese año, el fin del contrato NTIA-ICANN se caracterizó por EEUU como el corte de un cordón umbilical: la transferencia de la autoridad gubernamental para la coordinación y gestión de los identificadores únicos de Internet a la "comunidad global de múltiples partes interesadas en ICANN".[60]

ISOC están (a) IETF (Internet Engineering Task Force), una comunidad internacional abierta de profesionales y expertos en redes. La misión de IETF es producir documentos técnicos de alta calidad (a través de Requests for Comments o RFCs) para mejorar la calidad y el rendimiento de Internet, véase IETF, https://ietf.org/ (last visited Dec. 18, 2020); la (b) IAB (Internet Architecture Board), responsable de la supervisión del desarrollo de la arquitectura y el protocolo de Internet con respecto a aspectos como la escalabilidad, la apertura de los estándares y la evolución de dicha arquitectura. IAB supervisa las actividades de IETF y es su cuerpo apelativo, véase IAB, https://www.iab.org/ (last visited Dec. 18, 2020). Por su parte, W3C (World Wide Web Consortium) desarrolla estándares de tecnología web. A diferencia de IETF, IAB y otras, W3C no está directamente relacionado con ISOC, véase W3C, https://www.w3.org/ (last visited Dec. 18, 2020). Véase además, Alex Simonelis, A concise guide to major Internet bodies, 2005 UBIQUITY (2005), https://ubiquity.acm.org/article.cfm?id=1071915.

[58] Robles Carrillo, supra, nota 21, en la pág. 157.

[59] IANA Functions Contract, NTIA, https://www.ntia.doc.gov/page/iana-functions-purchase-order (last visited Dec. 19, 2020).

[60] La llamada global multistakeholder community, "todas las voces del sector empresarial, el sector académico, los expertos técnicos, la sociedad civil, los gobiernos", entre otras. El evento se recuerda como el "IANA Transition", véase, Overview, ICANN, https://www.icann.org/stewardship-accountability (last visited Dec. 20, 2020); véase

Esta transferencia o reconocimiento de poder fue una movida geopolítica defensiva e inteligente de EEUU, para proteger al Internet: el riesgo de la inacción era un DNS gubernamentalizado, multilateral, formal y soberanista. Un DNS bajo la influencia de estados rivales. Gobernanza gubernamental[61] o peor, iliberal, de Internet.

Ocurre que China, India, Rusia e Irán, vienen tratando de sustituir a ICANN desde que se fundó en 1998; piden una verdadera organización internacional,[62] como la UIT, para gobernar el DNS. Algunos de estos

también Stewardship of IANA Functions Transitions to Global Internet Community as Contract with U.S. Government Ends, ICANN, https://www.icann.org/news/announcement-2016-10-01-en (last visited Dec. 19, 2020). IANA, el Internet Assigned Numbers Authority, es la entidad dentro de ICANN con el poder especifico de gestión del DNS y de números IP.

[61] Véase, Agenda de Túnez para la Sociedad de la Información, Cumbre Mundial sobre la Sociedad de la Información, WSIS-05/TUNIS/DOC/6(Rev.1)-S, Jun. 28, 2006, disponible en http://www.itu.int/net/wsis/docs2/tunis/off/6rev1-es.html (Entre 2003 y 2005, representantes de 174 países, de organizaciones internacionales, del sector privado y de la sociedad civil, se reunieron en la Cumbre Mundial sobre la Sociedad de la Información de Naciones Unidas (WSIS, por sus siglas en inglés) y validaron específicamente una versión mixta de multilateralismo y multistakeholderismo para la gobernanza de Internet, y la celebración de un foro periódico de discusión (Foro para la Gobernanza de Internet o IGF, por sus siglas en inglés). Aunque WSIS 'permitió' espacios internacionales de intervención a la sociedad civil y al sector privado, mantuvo un rol protagónico para los gobiernos (los estados) en la creación de normas y decisiones para la Internet: "[el] desarrollo y aplicación por los gobiernos, el sector privado y la sociedad civil, en el desempeño de sus respectivos papeles, de principios, normas, reglas, procedimientos de toma de decisiones y programas comunes que dan forma a la evolución y a la utilización de Internet. . . . . La gestión internacional de Internet debería ser multilateral, transparente y democrática, y hacerse con la plena participación de los gobiernos, el sector privado, la sociedad civil y las organizaciones internacionales. . . . Estamos convencidos de que es necesario iniciar y reforzar, de la forma adecuada, un proceso transparente, democrático y multilateral con la participación de los gobiernos, el sector privado, la sociedad civil y las organizaciones internacionales en sus cometidos respectivos. . . . El Foro para la Gobernanza de Internet, tanto en su trabajo como en sus funciones, ha de ser multilateral, democrático y transparente y dejar intervenir a las múltiples partes interesadas".).

[62] Véase, por ejemplo, IBSA Multistakeholder meeting on Global Internet Governance, India-Brazil-South Africa, (Sept. 1-2, 2011), available at http://www.itforchange.net/sites/default/files/ITfC/rio_recommendations.pdf; véase también, NETmundial Multistakeholder Statement, NETMUNDIAL (Abr. 24, 2014), available at http://netmundial.br/wp-content/uploads/2014/04/NETmundial-Multistakeholder-Document.pdf ("It is expected that the process of globalization of ICANN speeds up leading to a truly international and global organization serving the public interest with clearly implementable and verifiable accountability and transparency mechanisms that satisfy requirements from both internal stakeholders and the global community") (Énfasis suplido); véase además, China's Submission to the United Nations Open-ended Working Group on Developments in the Field of Information and Telecommunications in the Context of International Security, available at https://unoda-web.s3.amazonaws.com/wp-content/uploads/2019/09/china-submissions-oewg-en.pdf ("States should work together to create a multilateral, democratic and transparent global Internet governance system. The organization charged with management of critical resources such as Root Servers should be truly independent from any state's control to ensure the broad participation and joint decision-making of all states") (Énfasis suplido).

países, incluso amenazaban con fragmentar la Internet global mediante nuevos sistemas IP/DNS nacionales alternativos.[63] Las revelaciones de Edward Snowden en 2013 sobre espionaje masivo de la Agencia de Seguridad Nacional de EEUU (NSA, por sus siglas en inglés)[64] contra la ONU y países amigos echaron aún más leña a ese fuego.[65] De hecho,

---

[63] MILTON MUELLER, WILL THE INTERNET FRAGMENT?, 3, 100-02 (2017) (Mueller, no obstante, considera muy improbable que este tipo de fragmentación del Internet realmente ocurra, ante el enorme valor que los estados extraen de permanecer en una red global que ha demostrado su interoperabilidad y funcionamiento consistente: "[T]he network effects and economic benefits of global compatibility are so powerful that they have consistently defeated, and will continue to defeat, any systemic deterioration of the global technical compatibility that the public Internet created. The rhetoric of 'fragmentation' is in some ways a product of confusion, and in other ways an attempt to camouflage another, more inflammatory issue: the attempt by governments to align the Internet with their jurisdictional boundaries. The fragmentation debate is really a power struggle over the future of national sovereignty in the digital world. It's not just about the Internet. It's about geopolitics, national power, and the future of global governance") (Énfasis suplido).

[64] PRISM, conocido oficialmente como "SIGAD US-984XN" es el programa del NSA de recopilación y almacenamiento masivo de las comunicaciones de Internet como Google, autorizado bajo el Foreign Intelligence Surveillance Act of 1978, 50 U.S.C. §1881a. (2008), available at https://www.law.cornell.edu/uscode/text/50/chapter-36/subchapter-I; Foreign Intelligence Surveillance Act of 1978 Amendments Act of 2008, Pub. L. No. 100-261 (2008), available at https://www.govinfo.gov/content/pkg/STATUTE-122/pdf/STATUTE-122-Pg2436.pdf.

FISA 2008 faculta al Tribunal de Vigilancia de Inteligencia Extranjera a autorizar vigilancia, sin necesidad de mostrar causa probable de que el objetivo sea un agente de una potencia extranjera. El gobierno solo necesita demostrar que la vigilancia se dirige a "personas razonablemente ubicadas fuera de los Estados Unidos" y que procura "información de inteligencia extranjera", véase, Clapper vs. Amnesty International USA, 568 U.S. 398 (2012) (En este caso el Tribunal Supremo de EEUU desestimó el recurso por falta de legitimación activa, pues estimó especulativo el daño alegado por los recurrentes Amnesty International USA (abogados, periodistas y otros activistas pro derechos humanos) de que sus comunicaciones en el extranjero con clientes, representados, fuentes y otros individuos extranjeros podrían ser interceptadas bajo FISA 2008 en algún momento. El Tribunal entendió insuficiente el estándar de "objectively reasonable likelihood" de daño para legitimación alegado, requiriendo un mayor estándar de "impending injury fairly traceable to §1881a". El Honorable Juez Breyer disintió) (énfasis suplido).

[65] Véase, Marcel Rosenbach & Holger Stark, How America Spies on Europe and the UN, SPIEGEL INT (2013), https://www.spiegel.de/international/world/secret-nsa-documents-show-how-the-us-spies-on-europe-and-the-un-a-918625.html. Interesante notar que Snowden procuró la representación del honorable juez español Baltasar Garzón, conocido mundialmente por el arresto y proceso de extradición del dictador chileno Pinochet por crímenes universales de lesa humanidad (genocidio, terrorismo internacional, torturas y desaparición de personas), y por la representación legal de otro whistleblower del mundo de Internet, Julian Assange de WikiLeaks. Recuerdo nuestra colaboración como presidente de REGULATEL y de la JRTPR con el Juez Garzón, su fundación FIBGAR y el profesor Hiram Meléndez Juarbe, catedrático de la Escuela de derecho de la Universidad de Puerto Rico, en beneficio de la Academia Judicial de la Rama Judicial de Puerto Rico. La colaboración culminó en una presentación para la abogacía y judicatura puertorriqueña sobre Estándares Internacionales del Derecho a la Libertad de Expresión, conforme a un acuerdo para adiestramientos que suscribimos con la entonces Jueza Presidenta del Tribunal Supremo, la Hon. Juez Liana Fiol Mata, también Académica Numeraria de la APJL, véase,

China, a través de su Ministerio de Industria y Tecnología de la Información y su operadora multinacional Huawei recientemente propuso a la ITU, no a ICANN, un plan para un Nuevo sistema de direccionamiento IP para el 2030 para suplantar el modelo actual.[66]

Pero además de un acto geopolítico defensivo, el fin de la supervisión directa de NTIA fue una especie de suceso cuasi-constitucional o constituyente. Milton Mueller, intelectual clave en el desarrollo de ICANN, describe el evento de la siguiente manera:

> Fue un cambio súbito en una institución de gobernanza de Internet cuyas raíces eran el poder de un gobierno soberano, y un movimiento hacia la soberanía popular transnacional. "El pueblo de Internet", los usuarios comerciales y no comerciales, los registros y registradores de nombres de dominio, los operadores de red que usan direcciones IP y los desarrolladores de estándares, sería quien en el futuro administraría y supervisaría a ICANN. Los gobiernos ya no eran los soberanos - eran solo una parte interesada más en la comunidad global de múltiples partes

---

Rama Judicial de Puerto Rico, Informe Anual 2014-2015, 53 y 71 (2015), https://www.ramajudicial.pr/orientacion/informes/rama/OAT-Informe-Anual-2014-2015.pdf.

En colaboración con FIBGAR y el Prof. Meléndez Juarbe, véase, JUNTA REGLAMENTADORA DE TELECOMUNICACIONES DE PUERTO RICO ET AL., LIBERTAD DE EXPRESIÓN Y ACCESO A LA INFORMACIÓN EN LA ERA DE LAS TELECOMUNICACIONES Y DEL INTERNET (2015) (el cual analiza las nuevas tecnologías de información y comunicación y su influencia e impacto de estas en los derechos humanos y civiles a nivel internacional, regional y local (EEUU y Puerto Rico)); véase además, Regulatel analiza los derechos de los ciudadanos en la Era Digital, FIBGAR (2015), https://fibgar.org/actualidad/regulatel-analiza-los-derechos-de-los-ciudadanos-en-la-era-digital; véase, Hiram Meléndez Juarbe, La Constitución en Ceros y Unos: Un Acercamiento Digital al Derecho a la Intimidad y la Seguridad Pública, 77 REV. JUR. UPR 45 (2008) (para una mirada profunda sobre temas de ciber-derecho y el derecho a la intimidad).

[66] Sheng Jiang, New IP Networking for Network 2030, supra, nota 12. China plantea que el protocolo IP actual es insuficiente para el uso masivo de nuevas tecnologías en años venideros, particularmente comunicaciones holográficas. La propuesta ha sido fuertemente criticada por la Internet Society y RIPE NCC, ambos stakeholders de ICANN por alegadamente pretender evadir el modelo multistakeholder mediante implantación vertical y prescriptiva intergubernamental, por incluir mecanismos de control para apagar secciones completas de la red, y por ser innecesaria pues el IP actual ha demostrado ser resiliente y funcionar bien, véase, Hascall Sharp, Discussion Paper: An analysis of the "New IP" proposal to the ITU-T, INTERNET SOCIETY (Olaf Kolkman ed., 2020), https://www.internetsociety.org/resources/doc/2020/discussion-paper-an-analysis-of-the-new-ip-proposal-to-the-itu-t/; Marco Hogewoning, Do We Need a New IP?, Ripe NCC (2020), https://labs.ripe.net/Members/marco_hogewoning/do-we-need-a-new-ip.

interesadas.[67]

Eliminar el rol del NTIA sobre ICANN calmó un poco los ánimos y a la vez preservó intereses estratégicos estadounidenses. Y de paso, al renunciar[68] a su autoridad última sobre las funciones normativas de sobre el sistema DNS/IP, EEUU creó a un nuevo actor en el derecho transnacional: la comunidad independiente de múltiples partes interesadas en ICANN.[69]

---

[67] Mueller, supra, nota 63, en la pág. 103 (traducción suplida). Ese "pueblo de Internet" puede sonar como un mero invento, pero no es menos imaginario que el resto de nuestra realidad de dioses, dinero, corporaciones y naciones, véase, YUVAL NOAH HARARI, supra, nota 4, en las págs. 27-39, 362 (De hecho, afirmar colectivamente su existencia es la mitología fundamental para la cooperación transnacional real y efectiva en la gobernanza del Internet: "Any large-scale human cooperation - whether a modern state, a medieval church, an ancient city, or an archaic tribe – is rooted in common myths. [...] Two lawyers who have never met can nevertheless combine efforts to defend a complete stranger, because they both believe in the existence of laws, justice, human rights – and the money paid out in fees. Yet none of these things exist outside the stories the people invent and tell one another. There are no gods in the universe, no nations, no money, no human rights, no laws and no justice outside the common imagination of human beings").

[68] Véase, Should the Department of Commerce Relinquish Direct Oversight over ICANN?: Hearing before the US House of Representatives, Subcommittee on Courts, Intellectual Property, and the Internet, 113th Cong. (Apr. 10, 2014), https://www.govinfo.gov/content/pkg/CHRG-113hhrg87498/pdf/CHRG-113hhrg87498.pdf, particularmente, véase Testimony of Assistan Secretary Strickling at Hearing on "Should the Department of Commerce Relinquish Direct Oversight Over ICANN?", NTIA (Apr. 10, 2014), https://www.ntia.doc.gov/speechtestimony/2014/testimony-assistant-secretary-strickling-hearing-should-department-commerce-rel. Resuena fuertemente en nuestros oídos la idea o aspiración de que Estados Unidos pueda 'renunciar' a aspectos de su autoridad máxima o soberanía, para crear un nuevo tipo de entidad jurídica, como aparentemente ha ocurrido con ICANN, véase, por ejemplo, Commonwealth of Puerto Rico v. Sánchez Valle, 579 U.S.__, 36 S. Ct. 1863, 13-14 (2016) (reseñando esta idea de 'relinquishment' de aspectos soberanía, en lo concerniente a ciertos 'asuntos locales' de Puerto Rico: "As this Court has recognized, Congress in 1952 "relinquished its control over [the Commonwealth's] local affairs [,] grant[ing] Puerto Rico a measure of autonomy comparable to that possessed by the States.", Bd. of Engineers, Architects and Surveyors v. Flores de Otero, 426 U. S. 572, 597 (1976)) ("[T]he purpose of Congress in the 1950 and 1952 legislation was to accord to Puerto Rico the degree of autonomy and independence normally associated with States of the Union", Rodriguez v. Popular Democratic Party, 457 U. S. 1, 8 (1982) ("Puerto Rico, like a state, is an autonomous political entity, 'sovereign over matters not ruled by the [Federal] Constitution'", citing Calero v. Pearson Yacht Leasing Co., 416 U.S. 663 (1974)) ("And the Constitution that Congress approved, as petitioner again underscores, declares that '[w]e, the people' of Puerto Rico, 'create' the Commonwealth—a new political entity, "republican in form," in which the people's will is 'sovereign[]' over the government, P.R. CONST., pmbl. & art. I, §§1–2; . . . . With that consented-to language, Congress 'allow[ed] the people of Puerto Rico,' in petitioner's words, to begin a new chapter of democratic self-governance", Reply Brief at 20).

[69] MUELLER, supra, nota 63, en las págs. 102-103. Si bien la transferencia de poder de EEUU a la comunidad multistakeholder de poder fue, fundamentalmente, un acto de defensa nacional, es interesante como la aparente creación de un nuevo ente cuasi-soberano, una proto-ciudadanía global de los envueltos en ICANN, puede recordarnos los más avanzados pensamientos sobre gobernanza mundial. Véase, además, NOAH HARARI, supra nota 4.

V. CREACIÓN DE POLÍTICAS PÚBLICAS GLOBALES EN ICANN

En el multilateralismo, los gobiernos soberanos hablan con los gobiernos soberanos y los gobiernos soberanos toman las decisiones. Sin duda, pueden pedir consejo a las empresas o la sociedad civil, pero la toma de decisiones es provincia exclusiva de los estados. En contraste, el multistakeholdersimo o gobernanza multiparcitipativa, promueve la participación de actores no estatales en todas las etapas del proceso. Al involucrar a todos en una discusión abierta, transparente y colaborativa, las decisiones logran gran confianza y aceptación de las diversas partes con interés.

La 'comunidad global de múltiples partes interesadas' en este contexto incluye a la totalidad de actores interesados en la gobernanza del DNS y los recursos numéricos de Internet, y se manifiesta en ICANN vía diversas organizaciones intra-corporativas con injerencias específicas sobre dominios genéricos, códigos de países y territorios y recursos numéricos, cada una representante de diversas posturas comerciales, posturas gubernamentales, posturas de usuarios individuales, posturas técnicas, entre otras.[70]

---

[70] Así, la Organización de Apoyo para Nombres Genéricos (Generic Names Supporting Organization o gNSO), compuesta de múltiples intereses privados y no-gubernamentales, formula las políticas sobre dominios genéricos de nivel superior o gTLDs. Por su parte, la Organización de Apoyo para Nombres de Código de País (Country Code Names Supporting Organization o ccNSO), reúne a los gerentes de ccTLDS privados y públicos de todo el mundo y establece políticas relativas a códigos de países en el nivel superior (como por ejemplo, el <.mx> de México). Por su parte, la Organización de Apoyo de Direcciones (Address Supporting Organization o ASO) se compone de 5 ONGs regionales dedicadas a la asignación y administración de los recursos de numeración de Internet y se ocupa de las normativas relativas a direcciones IP.

La gNSO, se compone de diversas comunidades ("constituencies") unidos en torno a un interés o perspectiva común particular, formalmente reconocidas por el Consejo de la gNSO, su entidad rectora, y agrupados como 2 "Cámaras", una de "Partes Contratadas" y otra de "Partes No-contratadas", véase The structure of the GNSO Council, ICANN|GNSO, https://gnso.icann.org/en/about/council (last visited Dec. 17, 2020). La Cámara de Partes No-contratadas se compone de: (1) Grupo de Partes Interesadas Comerciales (Commercial Stakeholders Group, o CSG), en si compuesto por (a) Usuarios empresariales (Business Constituency), (b) Propiedad intelectual (Intellectual Property Interests Constituency o IPC), (c) Proveedores de servicio de Internet (ISPs and Connectivity Providers Constituency) y el (2) Grupo de Partes Interesadas No Comerciales (Noncommercial Stakeholder Group o NCSG), en si compuesto por (a) Usuarios no-comerciales (Non Commercial Users Constituency o NCUC), (b) Preocupaciones Operacionales de las Sin fines de Lucro (Not-for-Profit Operational Concerns o NPOC). La Cámara de Partes Contratadas se compone de: (1) Grupo de partes interesadas de Registradores (Registrars Stakeholder Group) y (2) Grupo de partes interesadas de Operadores de Registros (Registries Stakeholder Group o RySG), véase, About, ICAN|GNSO, https://gnso.icann.org/en/about (last visited Dec. 17, 2020).

La ccNSO es responsable de desarrollar y recomendar políticas globales a la Junta de ICANN para un conjunto limitado de cuestiones relacionadas con los ccTLD, como la

Tengo el honor, como miembro del consejo que agrupa a los usuarios individuales de Internet (Consejo Asesor At-Large o ALAC), de copresidir un subgrupo de trabajo que ejemplifica el modelo multistakeholder.[71] El subgrupo tiene como objetivo consensuar reglas

---

introducción de ccTLD de nombres de dominio internacionalizados, pero fundamentalmente es un foro donde gerentes públicos y privados de dominio de nivel superior de código de país (ccTLDs) se reúnen para discutir temas de interés común desde una perspectiva global, proporcionando una plataforma para fomentar el consenso y la cooperación y facilitar el desarrollo de mejores prácticas voluntarias para los administradores de ccTLD, véase, CCNSO, https://ccnso.icann.org/en (last visited Dec. 17, 2020).

ASO se compone de 5 ONGs regionales dedicadas a la asignación y administración de los recursos de numeración de Internet y se ocupa de las normativas relativas a direcciones IP. ASO revisa y desarrolla recomendaciones sobre políticas de direcciones del Protocolo de Internet (IP) y asesora a la Junta Directiva de la ICANN, véase ICANN|ASO, https://aso.icann.org/ (last visited Dec. 17, 2020). ASO está compuesto por las ONGs (conocidas como Regional Internet Registries o RIRs) dedicadas a la asignación y administración de los recursos de numeración de Internet (IPv4, IPv6), Números Autónomos y Resolución Inversa para las diversas regiones (AFRINIC – África; APNIC – Asia Pacifico; ARIN – América Septentrional (Canadá, EEUU) y algunas islas del Atlántico norte y el Caribe); LACNIC – América Latina y partes del Caribe; y RIPE NCC (Europa, Oriente Medio y partes de Asia Central). Puerto Rico es parte de la región cubierta por el American Registry of Internet Addresses (ARIN), la ONG a cargo de distribuir los recursos numéricos en América del Norte y algunas islas del Atlántico, véase, Complete List of Countries in the ARIN Region, ARIN, https://www.arin.net/about/welcome/region/#complete-list-of-countries-in-the-arin-region (last visited Dec. 17, 2020).

El Comité Asesor Gubernamental (Governmental Advisory Committee o GAC) está integrado por representantes de gobiernos nacionales de todo el planeta y por organizaciones intergubernamentales observadoras. GAC es la voz de los gobiernos, usualmente por vía de sus ministerios de tecnologías de información y comunicación, y de las organizaciones internacionales interesadas en ICANN. Su rol fundamental es asesorar a la Junta Directiva de ICANN sobre cuestiones de política pública, especialmente donde pueda haber una interacción entre ICANN y su responsabilidad principal sobre el DNS y leyes nacionales o acuerdos internacionales. El GAC no es un órgano de toma de decisiones vinculantes, véase, ICANN|GAC, https://gac.icann.org/?language_id=2 (last visited Dec. 17, 2020).

El Comité Asesor At-Large (At-Large Advisory Committee o ALAC) es el cuerpo rector del At-Large, comunidad que aboga por los intereses de los usuarios finales de Internet en ICANN, asesora a las Organizaciones de Apoyo de ICANN en los procesos de creación de política pública y participa en los programas de divulgación y 'outreach' de ICANN, véase ICANN|AT-LARGE, https://atlarge.icann.org/alac (last visited Dec. 17, 2020).

El Comité Asesor del Sistema de Servidor Raíz (Root Server System Advisory Committee o RSSAC) reúne a técnicos y expertos en asuntos relacionados con la operación, administración, seguridad e integridad del servidor raíz de Internet, véase, Root Server System Advisory Committee, ICANN, https://www.icann.org/groups/rssac (last visited Dec. 17, 2020).

[71] Área de Trabajo 5 (Work Track 5) del Grupo de Trabajo para el Proceso de Desarrollo de Política Pública sobre Procedimientos Posteriores para Nuevos gTLDs del gNSO (gNSO Subsequent Procedures Policy Development Process Working Group), véase, PDP New gTLD Subsequent Procedures, ICANN|GNSO, https://gnso.icann.org/en/group-activities/active/new-gtld-subsequent-procedures (last visited Dec. 17, 2020).

sobre 'nombres geográficos como dominios genéricos de nivel superior', es decir, reglas para nombres de países y territorios, provincias, ciudades capitales, regiones continentales y otros, ante una futura ronda planificada de solicitud y delegación de nuevos gTLDs.[72] Este subgrupo cuenta con 168 miembros y 99 observadores representativos de la inmensa diversidad en ICANN. Incluye usuarios individuales de Internet, representantes de gobiernos nacionales, gerentes de ccTLDs, operadores y registros de dominios, intereses de protección de consumidores, de empresas, de propiedad intelectual, técnicos y otros.[73] Se estructuró para incentivar la participación amplia y equitativa de todos los sectores de la comunidad, incluyendo específicamente copresidencias de las agrupaciones más interesadas en el asunto: gNSO (múltiples intereses comerciales, no-comerciales y de la sociedad civil con intereses en gTLDs), ALAC (usuarios individuales de Internet), ccNSO (gerentes de códigos de países y territorios) y GAC (gobiernos y organizaciones intergubernamentales).[74]

Hemos sometido el Informe Final de nuestro subgrupo (WT-5).[75]

En 2016, el Consejo de la gNSO creó mediante una carta constitutiva (charter) este Grupo de Trabajo (Working Group o WG) para un proceso de creación de política pública (PDP) cuya tarea es determinar si proceden cambios a las normas aplicables para solicitar creación de nuevos gTLDs, tras la primera experiencia en el 2012. El WG se subdivide en 5 áreas de trabajo (work tracks o WTs), a saber: WT1 - Proceso General / Apoyo / Alcance; WT2 - Legal/Regulatorio; WT3: Contiendas entre cadenas (string contention) / Objeciones y disputas; WT4: Nombres de dominio internacionalizados / Técnico y operaciones; y WT5: Nombres geográficos en el nivel superior.

[72] Véase, New GTLD current Application Status, ICANN NEW GTLD, https://gtldresult.icann.org/applicationstatus/viewstatus (Para el estatus de las solicitudes de la 1ra ronda de nuevos gTLDS en 2012).

[73] Los miembros provienen de las siguientes agrupaciones o comunidades de ICANN: At-Large/ALAC, ccNSO, GAC, gNSO y RSSAC SG/C. Del gNSO, múltiples sub-comunidades. RySG, NCSG, NCUC, NPOC, IPC, BC, ISPCP, véase, Work Track 5 Members & Mailing List Archives, ICANN, https://community.icann.org/pages/viewpage.action?pageId=71604562 (last visited Dec. 17, 2020).

[74] Así, cuenta con un equipo de liderazgo conjunto (At-Large/ALAC, ccNSO, GAC y gNSO): Annebeth Lange (ccNSO), Olga Cavalli (GAC); Martin Sutton (GNSO); y este servidor (ALAC), véase, New gTDLs Subsequent Rounds, ICANN64 GAC Plenary Meeting, Mar. 10, 2019, https://gac.icann.org/presentations/public/8.2%20-%20new%20gtlds%20sub%20pro.pdf?language_id=1.

[75] Véase, ICANN|GNSO, WORK TRACK 5 FINAL REPORT TO THE NEW GTLD SUBSEQUENT PROCEDURES POLICY DEVELOPMENT PROCESS WORKING GROUP (2019), available at http://mm.icann.org/pipermail/gnso-newgtld-wg-wt5/attachments/20191102/ab9ae278/WorkTrack5FinalReporttotheNewgTLDSubProPDPWG-22October20191-0001.pdf; véase, Work Track 5: Geographic Names at the Top-Level, ICANN, https://community.icann.org/display/NGSPP/Work+Track+5%3A+Geographic+Names+at+the+Top-Level y ICANN|GNSO, INFORME COMPLEMENTARIO SOBRE PROCEDIMIENTOS POSTERIORES A LA INTRODUCCIÓN DE NUEVOS GTLD – PROCESO DE DESARROLLO DE POLÍTICAS (ÁREA DE TRABAJO 5 SOBRE NOMBRES GEOGRÁFICOS EN EL NIVEL SUPERIOR),

Entre varios consensos,[76] confirmamos que nadie, —ningún individuo, ninguna corporación, ningún país, ni entidad internacional— puede solicitar versiones completas o abreviadas, ni sus permutaciones, de nombres de ningún país, en ningún idioma, como gTLDs. Ni el propio Estados Unidos puede solicitar <.unitedstates>, ni <.usa>. También ratificamos la norma que para solicitar el nombre de una región continental (según definida por UNESCO) como gTLD, se requiere el endoso de 60% de los países de esa región. Por ende, será complejísimo solicitar exitosamente <.americalatina>. Finalmente, para solicitar el nombre de una provincia o una ciudad capital, el solicitante tiene que acreditar el endoso de la autoridad gubernamental pertinente.[77]

---

https://gnso.icann.org/sites/default/files/file/field-file-attach/subsequent-procedures-geo-names-supp-initial-exec-summary-05dec18-es.pdf (Para acceder a toda la información relevante del WT5).

El período de comentarios públicos final para el borrador Informe Final del Grupo de Trabajo Conjunto o plenario (todos los subgrupos, WT-1 al 5) cerrará el 30 de septiembre de 2020. Tras la revisión de los comentarios, los copresidentes llevarán a cabo una llamada de consenso formal sobre todas las recomendaciones y resultados antes de que el grupo de trabajo emita su informe final al Consejo de la GNSO y lo remita para la consideración de la Junta Directiva de la ICANN. Si la Junta las adopta, las recomendaciones pasarán a ser implementadas por la organización de la ICANN, véase ICANN|GNSO, DRAFT FINAL REPORT ON THE NEW gTLD SUBSEQUENT PROCEDURES POLICY DEVELOPMENT PROCESS (2020), https://gnso.icann.org/sites/default/files/file/field-file-attach/draft-final-report-new-gtld-subsequent-20aug20-en.pdf.

[76] Un consenso no logrado fue establecer nuevas reglas para nombres de características geográficas (ríos, montañas, valles, lagos, etc.) y otros términos culturalmente significativos como ccTLDs, un punto de interés y presión de algunos representantes gubernamentales y sus aliados. Un caso de este tipo que ha creado controversia es la solicitud y pendiente delegación de <.amazon> a la multinacional de compras por Internet del mismo nombre, ante las persistentes objeciones de varios países de América del Sur, incluyendo a Brasil y Colombia, quienes han alegado, con poco éxito, un derecho natural al nombre, cimentado en consideraciones soberanas, véase, Göran Marby, Status Update on .AMAZON Applications – The Next Steps, ICANN BLOG (Dec. 19, 2019), https://www.icann.org/news/blog/status-update-on-amazon-applications-the-next-steps. Sin duda, ICANN refleja las estructuras, asimetrías y distorsiones de la vida real. Hay "iguales' 'más iguales que otros': grandes potencias nacionales que presionan individualmente o en bloque, megacorporaciones multinacionales, organizaciones globales gubernamentales y ONGs, o incluso individuos con demasiado poder sobre otros. Pero aun estas aparentes patologías, pueden operar como fortalezas: el fuerte choque de intereses, de tesis y antítesis, dan credibilidad a los avances o consensos que sí se puedan lograr en temas controvertibles o espinosos, como ocurrió en el WT5.

[77] Entre otras el WT5, ha recomendado establecer o ratificar las siguientes normas como políticas de consenso: (1) Las formas abreviadas y extensas de los nombres de países y territorios no están disponibles para delegarse. Así, nadie puede, ni la propia Rusia, solicitar la creación de <.federaciónrusa>, ni .<lafederaciónrusa>; (2) Tampoco sus traducciones, permutaciones, transposiciones, ni sus componentes separables. Así que ni <.russia>, ni <.russianfederation>, ni <.federationrussiathe>, ni <.thefederation> pueden convertirse en TLDs; (3) Tampoco están disponibles para delegación como TLDs nombres comúnmente conocidos de países o territorios según tratados u organizaciones gubernamentales internacionales. Por ejemplo, además de <.paisesbajos>, tampoco estaría disponible

La adopción o rechazo final de políticas consensuadas por la comunidad recae en la Junta Directiva de ICANN; 16 directores representativos de la diversidad de ICANN y del mundo de Internet en general,[78] y cuyas facultades se limitan en los estatutos corporativos para proteger el carácter no-vertical (bottom-up) de la toma de decisiones multistakeholder.[79]

<.holanda>; (4) En cuanto a nombres de ciudades capitales de países y territorios, así como nombres de unidades subnacionales (por ejemplo, provincias, estados), todo operador de registro solicitante tiene que documentar que cuenta con el apoyo/no-objeción de los gobiernos o autoridades públicas pertinentes. Así, cualquier operador de registro solicitante tiene que documentar el apoyo del Municipio Autónomo de San Juan y posiblemente del Estado Libre Asociado de PR, para solicitar <.sanjuan> como TLD. Igualmente, para que un operador de registro pueda solicitar la delegación de un nombre de un estado de EEUU como TLD, digamos <.florida>, requeriría el apoyo o no-objeción del Estado de Florida y también de EEUU; (5) Finalmente, para solicitar el nombre de una región de la UNESCO como un TLD (es decir <.americalatina>, el operador de registro solicitante requiere el apoyo o la no-objeción de al menos el 60% de los gobiernos nacionales respectivos en la región.

[78] Bylaws for ICANN, Art. 2.1, https://www.icann.org/resources/pages/governance/bylaws-en/#article2 (last visited Dec. 20, 2020); véase, generalmente, MAHLER, supra, nota 55. La mitad de los directores son nominados por un Comité de Nominaciones (NomCom), compuesto por voluntarios de varias partes de ICANN. NomCom busca candidatos que reflejen la diversidad funcional, geográfica y cultural de la comunidad de Internet en todos los niveles de desarrollo de políticas y toma de decisiones, véase, Bylaws for ICANN, Art. 1, § 1.2 (b) (ii), Art. 7, § 7.2 (b), y Art. 8, § 8.4; véase ICANN Nominating Committee (NomCom)|Operating Procedures 2019, ICANN, https://www.icann.org/resources/pages/nomcom2019-procedures-2018-12-07-en (last visited Dec. 20, 2020). Las tres organizaciones de apoyo (gNSO, ccNSO y ASO) nominan dos directores y ALAC nomina uno a la Junta. GAC no tiene miembro en la Junta de ICANN.

El decimosexto puesto está reservado para el presidente de ICANN, hoy Göran Marby. Interesantemente, antes de ICANN, Marby era el presidente de BEREC, el Body of European Regulators of Electronic Communications, como jefe del Swedish Post & Telecom Authority, (Reguladores TIC de Europa) mientras presidiamos REGULATEL. Ambas son organizaciones similares, hermanadas por acuerdos de colaboración. BEREC es mucho más madura, digamos una proto-FCC supranacional en pleno desarrollo, véase, Outcomes BEREC 20th Plenary Meeting, BEREC, BoR (14) 134, Sept. 25-26, 2014, available at https://berec.europa.eu/eng/document_register/subject_matter/berec/download/0/4624-outcomes-from-the-berec-20th-plenary-mee_0.pdf.

[79] Véase, por ejemplo, Bylaws for ICANN, Annex A, § 9 (b), https://www.icann.org/resources/pages/governance/bylaws-en/#annexA. Cualquier recomendación de desarrollo de políticas aprobada por un voto de super-mayoría de la gNSO será adoptada por la Junta a menos que, por un voto de más de dos tercios (2/3) de la Junta, la Junta determine que dicha política no es lo mejor para los intereses de Comunidad de ICANN o ICANN. En el gNSO, una super-mayoría se define como dos tercios (2/3) de los miembros del Consejo de cada Cámara o (B) tres cuartos (3/4) de los miembros del Consejo de una Cámara y la mayoría de los miembros del Consejo de la otra Cámara. Véase, Bylaws for ICANN, Art. 11, § 11.3 (i) (xix). También un mecanismo llamado "Comunidad Apoderada" (Empowered Community) permite que las comunidades de ICANN se organicen para cuestionar acciones de la Junta, rechazar los presupuestos,

Al aprobarse nuestras recomendaciones, nacerá una nueva "Política de Consenso"[80] que se entiende integrada en todos los Acuerdos de Acreditación de Registrador y Operador de Registro de ICANN.[81] Asimismo, un código multilingüe llamado Guía del Solicitante de gTLDs o Applicant Guide Book[82] se enmienda para reflejar la nueva política y sus procesos.

En ese momento, la labor de nuestro subgrupo de trabajo se habrá convertido en normas vinculantes transnacionalmente. Normas que reflejan los acuerdos entre individuos de todo tipo, con grandes potencias nacionales, corporaciones multinacionales, y múltiples otros stakeholders. En fin, un gran ejemplo de gobernanza liberal, de participación, tolerancia y el pluralismo, en donde ideas y posturas muy diferenciadas sobre el DNS coexisten y compiten por la posibilidad de convertirse en normas.[83]

VI. PUERTO RICO COMO STAKEHOLDER IGUAL EN ICANN

Evidentemente, el multistakeholderismo de ICANN ha propiciado

---

rechazar o aprobar enmiendas los estatutos corporativos, y retirar parte o toda la Junta de ICANN (excepto el presidente), entre otras. Véase, Bylaws for ICANN, Art 6, § 6.2 y What is the Empowerd Community?, ICANN, https://www.icann.org/ec (last visited Dec. 20, 2020).

[80] De acuerdo con la Especificación 1 del Acuerdo de Registro, las Políticas de Consenso "son aquellas políticas establecidas (1) de conformidad con el procedimiento establecido en los Estatutos y el debido proceso de ICANN, y (2) . . . . El proceso y el procedimiento de desarrollo de la Política de Consenso establecidos en los Estatutos de la ICANN pueden revisarse periódicamente de acuerdo con el proceso establecido en ellos" (Traducción suplida). Hay varios pasos. Primero, la nueva política de consenso procede a publicarse y notificarse a los registros y registradores bajo contrato de ICANN. Pasados treinta días, se entiende integrada en los contratos pertinentes.

[81] Los registradores (minoristas), operan en virtud de un Acuerdo de Acreditación con ICANN y los operadores (mayoristas), de conformidad a otro contrato, llamado Acuerdo de Registro, véase, además, ICANN, DESARROLLO DE POLÍTICAS DE LA GNSO, IMPLEMENTACIÓN Y EJECUCIÓN, disponible en https://www.icann.org/es/system/files/files/gnso-pdp-handbook-06mar18-es.pdf.

[82] Applicant Guidebook, ICANN, https://newgtlds.icann.org/en/applicants/agb (last visited Dec. 20, 2020).

[83] Como en las democracias liberales u 'occidentales', los puestos formales en ICANN son objeto de elecciones periódicas entre pares, algunas directas, véase, Bylaws for ICANN, Arts. 9, 10, 11 y 12, https://www.icann.org/resources/pages/governance/bylaws-en/ (last visited Dec. 20, 2020), y otras mediadas por una entidad de outreach meritocrático conocida como el "Comité de Nominaciones" o NomCom, véase, Bylaws for ICANN, Art. 8 y ICANN Nominating Committee (NomCom) Operating Procedures 2020, ICANN, https://www.icann.org/resources/pages/nomcom2020-operating-procedures-2020-02-05-en (En estas elecciones una gran diversidad de individuos compite para los diversos puestos formales. Idealmente, estas elecciones las ganan personas que creen en el modelo multistakeholder, de modo que el sistema se renueva, logra legitimidad 'democrática' y también se autoperpetúa. Pero nada de lo anterior limita la capacidad de cualquier persona, en cualquier parte del mundo de comentar cualquier proceso de creación de política pública en ICANN, una característica disponible solo en democracias muy avanzadas).

la participación puertorriqueña en procesos de creación de políticas públicas globales. Más allá de este servidor,[84] varios puertorriqueños ocupamos posiciones claves de liderazgo en ICANN, particularmente en el ccNSO, la organización que atiende los códigos de países y de territorios, en el At-Large, la comunidad amplia de usuarios finales de Internet, y en su cuerpo rector, el Comité Asesor At-Large.[85]

De hecho, ICANN reconoce a Puerto Rico de forma independiente y particularizada. Por ejemplo, la región del At-Large correspondiente a Norteamérica (NARALO o North America Regional At-Large Organization), se describe oficialmente como "el hogar en ICANN de los usuarios finales de Internet de Canadá, de Estados Unidos, y específica y diferenciadamente, de Puerto Rico".[86]

---

[84] En la actualidad sirvo como uno de los 15 miembros del consejo rector del At-Large, el ALAC, escogido globalmente por mérito a través del Comité de Nominaciones de ICANN (NOMCOM), véase, Javier Rua-Jovet SOI, ALAC, https://community.icann.org/pages/viewpage.action?pageId=63149901 (last visited Dec. 20, 2020); véase ALAC Profiles, ICANN AT LARGE, https://atlarge.icann.org/alac/explore-profiles (last visited Dec. 20, 2020). Asimismo, a partir del 22 de octubre de 2020 fungiré como concejal para América Septentrional en el ccNSO, escogido por NOMCOM, véase, ICANN 2020 Nominating Committee Announces Leadership Selections, ICANN, https://www.icann.org/news/announcement-2020-10-02-en (last visited Dec. 20, 2020).

[85] El vicepresidente del ccNSO, es un puertorriqueño, el Dr. Pablo Rodríguez del <.pr>. En gran medida gracias a las gestiones de su organización, la Puerto Rico Top Level Domain, San Juan ya ha sido sede de dos reuniones presenciales de ICANN, en 2007 y 2018, y pronto, de una tercera, en marzo de 2022, véase, Council Members, CCNSO, https://ccnso.icann.org/en/about/council.htm (last visited Dec. 20, 2020); véase, Pablo Rodriguez, ICANNWIKI, https://icannwiki.org/Pablo_Rodriguez (last visited Dec. 20, 2020); véase, .PR, https://domains.pr/ (last visited Dec. 20, 2020); véase, Calendar and Archives, ICANN|PUBLIC MEETINGS, https://meetings.icann.org/en/calendar (last visited Dec. 20, 2020); véase, Se anuncia la sede del Foro de la Comunidad de la ICANN para el año 2022, ICANN (Nov. 13, 2019), https://www.icann.org/news/announcement-2019-11-13-es.

Otro boricua, el Ing. Eduardo Díaz, figura central del capítulo local de la Internet Society desde 2001, fue uno de los fundadores de la organización At-Large correspondiente a Norteamérica (NARALO o North America Regional At-Large Organization), la cual hoy de hecho preside, véase, Eduardo Diaz, ICANWIKI, https://icannwiki.org/Eduardo_Diaz (last visited Dec. 20, 2020); véase, Regional At-Large Organizations (RALOs), ICAN AT-LARGE, https://atlarge.icann.org/ralos/naralo (last visited Dec. 20, 2020); INTERNET SOCIETY PUERTO RICO CHAPTER, https://www.isocpr.org/ (last visited Dec. 20, 2020); véase, Chapters, INTERNET SOCIETY, https://www.internetsociety.org/chapters/ (last visited Dec. 20, 2020).

De hecho, junto a estos y otros boricuas en ICANN, como el Dr. Alfredo Calderón, cofundamos en 2018 la primera Escuela de Gobernanza de Internet de América del Norte (North American School of Internet Governance o NASIG), véase, North American School for Internet Governance (NASIG) 2018, INTERNET SOCIETY, https://www.internetsociety.org/events/nasig-2018/ (last visited Dec. 20, 2020), la cual se celebra anualmente en diferentes ciudades del subcontinente norteamericano.

[86] Regional At-Large Organizations (RALOs), ICANN AT-LARGE, https://atlarge.icann.org/ralos/naralo (last visited Dec. 21, 2020) ("If you are an organization or individual located in Canada, the United States or Puerto Rico and concerned with

Este particular impacto y reconocimiento puertorriqueño en ICANN es atribuible a una afortunada decisión ingenieril. Resulta que desde la década del 1980, mucho antes de la existencia de ICANN, los ingenieros de computación padres del DNS optaron por utilizar la abreviatura de dos letras establecida por un tercero confiable, la Organización Internacional de Estandarización (International Standards Organization o ISO), como la base para los códigos de país nivel superior (ccTLDs).[87] Por suerte para Puerto Rico y otros "países no-independientes",[88] los códigos en las normas del ISO no solo indican estados soberanos, sino también territorios no integrados plenamente a su metrópoli. Aunque como regla general, ISO no asigna códigos de país a países que no son estados miembros de la ONU, puede asignarlos cuando el área esté geográficamente separada de su metrópoli y fuera de sus aguas territoriales.[89]

Internet-related issues, you can help influence the operation, growth and development of the Internet by becoming part of the NARALO. . . . NARALO encompasses all Internet end-users in the United States, Canada and Puerto Rico. . . . NARALO consists of the civil society organizations, non-profits and individuals to represent the rights of Internet users across the region, from Hawaii, to Nunavut, to San Juan.") (Énfasis suplido). Aunque Puerto Rico por razones históricas es parte de NARALO, sin duda también guarda lazos culturales muy cercanos con LACRALO, la región del At-Large que incluye a los países latinoamericanos y todas las naciones caribeñas. De hecho, la realidad bilingüe boricua concede a los puertorriqueños en ICANN un rol que facilita las conversaciones entre toda la América continental e isleña, angloparlante e hispanoparlante, logrando múltiples participaciones ad hoc en LACRALO o en el 'LAC Space' que gestiona el VP para América Latina y Caribe de ICANN, Rodrigo de la Parra, véase por ejemplo, LAC Space meeting, ICANN 61 (2018), available at https://static.ptbl.co/static/attachments/171521/1522464020.pdf?1522464020; ICANN LAC, REPORTE ANUAL 2014 (2014), http://icannlac.org/files/2014-icann-lac-memoria_v2-es.pdf; Lacralo Icann, TWITTER, https://twitter.com/lacralo_icann (last visited Dec. 20, 2020).

[87] Véase, Jon Postel, Domain Name System Structure and Delegation (IETF, Req. for Comments 1591, 1994), available at https://tools.ietf.org/html/rfc1591.

[88] A Plan of Action for the Further Integration of Associate Member Countries in the UN System Including its Specialized Agencies in the Economic and Social Sphere, ECLAC, LC/CAR/L.152, Dec. 14, 2007, available at https://repositorio.cepal.org/bitstream/handle/11362/38539/LCCARL152_en.pdf.txt ("The study also provided a general breakdown of the constitutional status arrangements of the various AMCs [Associate Member Countries] which comprise separate and distinct economies, with differing degrees of political autonomy in relation to international organization engagement and hemispheric economic interaction. . . . . The United Nations General Assembly has consistently adopted resolutions aimed at overall assistance to Non-Independent Countries (NICs), specifically those categorized as Non-Self-Governing Territories (NSGTs) . . . . In 2005, ECLAC reported to the President of the Economic and Social Council that Anguilla, the British Virgin Islands, Montserrat, United States Virgin Islands, Aruba, Netherlands Antilles and Puerto Rico constituted a growing block of non-independent countries of the Commission. In this connection, Aruba in 1998, and Puerto Rico in 2004 had hosted and served as chair of ECLAC.") (énfasis suplido).

[89] Véase, ISO 3166 Country Codes, ISO, https://www.iso.org/iso-3166-country-codes.html (last visited Dec. 20, 2020). Interesantemente, la lista ISO parece reflejar las doctrinas internacionales de uti possidetis y de 'agua salada' del derecho internacional público.

Por ello, el espacio de ccLTDs incluye a soberanos como China <.cn>, y también a jurisdicciones no independientes como Hong Kong <.hk> y estados disputados como Taiwán <.tw>.

ICANN no determina qué es o no un 'país'.[90] Simplemente utiliza las listas del ISO. Estas se consideran estables y neutrales, pues se sirven de información provista por la ONU.[91] Es gracias a estas listas, que la

---

Québec, Escocia, el País Vasco y Cataluña, entre otros casos similares, no ostentan el derecho jurídico a autodeterminación plena que territorios separados físicamente de su estado mayor (como Puerto Rico) poseen bajo el derecho internacional público, y especialmente cuando son democracias representativas de todas sus regiones (como lo son estos casos). Puerto Rico, por ejemplo, tiene pleno derecho a ser independiente bajo el derecho internacional, si así lo deseara. En casos como Québec, Escocia, el País Vasco y Cataluña opera el principio jurídico de integridad territorial (uti possidetis iure) o estabilidad de fronteras, que impide resquebrajar la unidad de estados establecidos, pudiéndo las autoridades centrales legalmente neutralizar a sus regiones separatistas, preferiblemente de forma negociada, aunque posiblemente sin descartar el uso proporcional de fuerza, véase, Frontier Disupute (Burkina Faso v. Mali) (Frontier Dispute) 1986 I.C.J. 554 (Dec. 22). En el supuesto hipotético en que esas jurisdicciones "declararan su independencia" el derecho internacional lo vería como una especie de acto de libre expresión política, no un reclamo con claras implicaciones jurídicas sobre el derecho a independencia, conforme la teoría de uti possidetis, véase Accordance with International Law of the unilateral declaration of independece by the Provisional Institutions of Self-Government of Kosovo, Advisory Opinion, 2010 I.C.J. (Jul. 22). El derecho internacional sólo reconoce claramente el derecho a soberanía externa plena, incluyendo la independencia, a entidades como Puerto Rico, que eran colonias clásicas ultramarinas —separadas de la metrópoli por agua salada—, no a regiones contiguas o integrales (y mucho menos aquellas que han logrado plena representación democrática en los órganos centrales del poder metropolitano). Véase e.g., G.A. Res. 1541 (XV), U.N. GAOR, 15th Sess., U.N. Doc. A/RES/1541(XV), P. IV (Dec. 15, 1960) (que acoge la teoría de agua salada en estos términos: "un territorio que está separado geográficamente del país que lo administra y es distinto de éste en sus aspectos étnicos o culturales"). Asimismo, véase, G.A. Res. 2625 (XXV), U.N. GAOR, 25th Sess., Supp. No. 28, U.N. Doc. A/8028, at 121, (Oct. 24, 1970) (establece, en lo pertinente, que el derecho de autodeterminación: "no se entenderá en el sentido que autorice o fomente cualquier acción encaminada a romper o menoscabar, total o parcialmente, la integridad territorial de los Estados soberanos e independientes . . . dotados de un gobierno que represente la totalidad del pueblo perteneciente al territorio . . ."). Si los órganos centrales de un estado metropolitano son plenamente representativos de los pueblos que residen en el territorio, entonces los reclamos de autodeterminación de esos pueblos no pueden incluir redefinir su condición política externa de ese pueblo, ni la independencia, véase, Cf., Comm'n of Human Rights, Subcomm'n on Prevention of Discrimination and Protection of Minorities, Implementation of United Nations Resolutions Relating to the Right of Peoples under Colonial and Alien Domination to Self-Determination, U.N. Doc. E/CN.4/Sub.2/405(vol.I) (Jun. 20,1978) (Hector Gros Espiell). Véase, Javier Rúa-Jovet, Modern Self-Determination Law and the Fourth Option: International and United States Law, 3 ACDI, BOGOTÁ 89-122 (2010).

[90] Véase, Kim Davies, The lives of country code domains, ICANN BLOG, https://www.icann.org/news/blog/the-lives-of-country-code-domains (Sep. 19, 2007).

[91] Las listas ISO 3166 (Alpha 1 y Alpha 2) incluyen códigos de países como <PR> o <PRI> para Puerto Rico y también códigos para las principales demarcaciones administrativas de las naciones-estados, es decir, sus provincias, cantones o estados. Por ejemplo, <US-FL> identifica el estado estadounidense de la Florida, <CA-QC> a la provincia canadiense de

designación del ISO para Puerto Rico, nuestro 'PR' (<.pr>), siempre ha sido un código de país diferenciado y autónomo para efectos de ICANN, en igualdad de condiciones con el <.us> o el <.cn> y los restantes 170 ccTLDS de todo el planeta.[92]

Los estatutos del comité asesor que reúne a los estados en ICANN (el GAC o Governmental Advisory Committee), también reflejan el enfoque del ISO:

> **Principio 15**
> La membresía se encuentra abierta a todos los Gobiernos nacionales. La membresía también estará abierta a las economías diferenciadas reconocidas en foros internacionales. . .".[93]

Quebec o <CH-BE> al cantón de Berna de Suiza (Confoederatio Helvética). Véase, Online Browsing Platform, ISO, https://www.iso.org/obp/ui/#search (last visited Dec. 20, 2020). Las demarcaciones continentales o regiones de la UNESCO surgen de la División de Estadística de las Naciones Unidas, véase, Standard country or area codes for statistical use (M49), U.N., https://unstats.un.org/unsd/methodology/m49 (last visited Dec. 20, 2020).

[92] Desde los primeros relativamente informales días de Internet, Jon Postel delegó la gestión del <.pr > en una entidad local conocida como Gauss Research Laboratory, la cual inicialmente se encontraba dentro de la UPR, pero luego se separó y se convirtió una entidad con fines de lucro, véase, E-mail from David Conrad to Eduardo Díaz (Jul. 16, 2007, 6:06 PM) (available at http://domainincite.com/docs/Exhibit8-LETTER.DavidConrad-0001.pdf). Véase, ICANN-ccNSO, Final Report of the Delegation, Re-delegation and Retirement Working Group of the ccNSO (2017), https://ccnso.icann.org/sites/default/files/filefield_22153/final-report-drd-wg-17feb11-en.pdf (sobre delegaciones y re-delegaciones de ccTLDs). Véase, ccNSO Members, ccNSO|ICANN, https://ccnso.icann.org/en/about/members.htm (last visited Dec. 22, 2020) (para la membresía en el ccNSO).

[93] Operating Principles, ICANN|GAC, Principle 15 https://gac.icann.org/operating-principles/operating-principles (énfasis suplido). El Principio Operativo 15 del GAC calca el lenguaje de la §12.2.a.ii de los Estatutos (By-Laws) de ICANN, véase By-Laws, ICANN, https://www.icann.org/resources/pages/governance/bylaws-en/#article12. La práctica del GAC comprueba la relación entre la frase 'distinct economies' y la Lista ISO-3166, véase, GAC MEETINGS, Montevideo, ICANN (Sept. 7-8, 2001), https://gac.icann.org/minutes/public/gac-10-montevideo-minutes.pdf?time=1577059200030 ("The Chair provided background to this item noting that he had received a communication from ICANN about the pre-registration of country names in the .INFO testbed. He suggested the use of the ISO 3166-1 list as a guide for the reservation of country and distinct-economy names. . . ."); véase, Communiqué of the Governmental Advisory Committee, Montevideo, ICANN (Sept. 9, 2001), https://archive.icann.org/en/committees/gac/communique-09sep01.htm ("GAC recommends that the names of countries and distinct economies, particularly those contained in the ISO 3166-1 standard, as applied by ICANN in identifying ccTLDs, should be reserved . . . ."); GAC Interim Principles on IDN ccTLDs, ICANN, available at https://gac.icann.org/principles-and-guidelines/public/principles-idn-cctlds.pdf?language_id=1 ("All countries and distinct economies, listed in the International Standard ISO 3166-1 have equal rights to creating IDN ccTLDs that reflect their languages and scripts"); véase, GAC Open Meeting, Paul Twomey notes, ICANN|GAC (May 25-26, 1999), available at https://cyber.harvard.edu/icann/berlin/archive/gac_open.html ("Rule changes about who can attend meetings. How do economies participate if not national

Esta redacción liberal para ingreso al GAC, "economías diferenciadas reconocidas en foros internacionales", evita juicios sobre la condición política de Taiwán o de Palestina,[94] y también ha permitido membresía plena de jurisdicciones no soberanas, como Islas Caimán, Hong Kong, Montserrat y Tokelau en ese foro.[95]

Puerto Rico está jurídicamente igual o mejor situado, desde la perspectiva del derecho internacional, que Islas Caimán, Montserrat y Tokelau, pues no figura en la lista de la ONU de territorios sin autogobierno.[96] Además, es miembro con derecho a voz y voto en REGULATEL,[97] la "organización gubernamental multinacional"

---

governments? . . . . B. The wording of the eligibility rule has been changed to 'distinct economy' rather than 'government' to avoid issues of high politics. . . . A. Invitations went to policy people at governments, the heads of appropriate departments. . . . Is Taiwan a national government and in attendance today? An observer, as was Hong Kong. They're 'distinct economies as recognized in international fora.' . . . . Only ISO can say who's on the country code list. . . . . ICANN and GAC are about real property rights — how to operate a communications system, not nuclear war.").

Véase, además, Staff Request for Advice of GAC On Definition of Geographic Regions (Jun. 9, 2000), available at https://archive.icann.org/en/committees/gac/geo-advice-request-09jun00.htm (List of Countries, Territories, and Distinct Economies). En fin, ISO, un 'foro internacional' no gubernamental, al servirse de data de la ONU, 'un foro internacional intergubernamental', para establecer códigos de países que un tercer foro, en este caso transnacional (ICANN), utiliza para determinar la procedencia de un ccTLD, evidentemente facilita la entrada de territorios no soberanos al GAC, como 'economías diferenciadas', o no integradas a su metrópoli.

[94] JOHN MATHIASON, INTERNET GOVERNANCE: THE NEW FRONTIER OF GLOBAL INSTITUTIONS, 89 (2009), available at https://epdf.pub/internet-governance-the-new-frontier-of-global-institutions.html.

[95] Ver, por ejemplo, GAC Communiqué, ICANN (Oct. 17, 2012), https://gac.icann.org/advice/communiques/public/gac-45-toronto-communique.pdf; Letter from Mose Pelasio, Minister of Communications, to Thomas Schneider, Chair, GAC|ICANN, about Membership request and nomination of GAC representative on behalf of Tokelau, (Sept. 18, 2005) (available at https://gac.icann.org/advice/correspondence/incoming/public/gac-application.pdf); Letter from Charles Kirnon, Minister of Communications, Works and Labour, to Heather Dryden, Chair, GAC|ICANN, about Nomination of GAC representative on behalf of Montserrat, (Jul.30, 2012) (available at https://gac.icann.org/advice/correspondence/incoming/public/montserrat-gac-letter.pdf).

[96] Véase, Non-Self-Governing Territories, U.N., https://www.un.org/dppa/decolonization/en/nsgt (last visited Dec. 22, 2020); G.A. Res. 748 (VIII), U.N. GAOR, 8th Sess., U.N. Doc. A/RES/748(VIII) (Nov. 27, 1953).

[97] Durante el cuatrienio del gobernador Alejandro Garcia Padilla, Puerto Rico (por vía de la Junta Reglamentadora de Telecomunicaciones, la cual presidí), fue presidente y vicepresidente de REGULATEL, véase, Acta de la XVII Asamblea Plenaria, REGULATEL (Nov. 17-18, 2014), available at http://regulatel.org/w/wp-content/uploads/2018/11/Acta-XVII-Asamblea-Plenaria-2014.pdf; David Bernier, Relaciones Exteriores y el Desarrollo Económico de Puerto Rico, FORO DE PERSPECTIVAS ECONÓMICAS, disponible en http://www.camarapr.org/pres-canellas/Persp2014/mensaje-Hon-David-Bernier.pdf. Resulta curioso que REGULATEL no ha puesto al día sus credenciales en el GAC (o el GAC no ha puesto al día su lista) , por lo cual este servidor y el Lcdo. Miguel Reyes (QEPD) a la fecha

observadora en el GAC que presidí, y miembro asociado de diversas agencias especializadas de la ONU.[98] El Estado Libre Asociado, no obstante, no ha estado activo en el GAC desde 2006, fecha en que el Secretario de Justicia de Puerto Rico designó a nuestro último y único representante acreditado.[99]

Reactivar la representación puertorriqueña en el GAC es un paso natural para fortalecer el impacto boricua en el desarrollo de las normativas globales de Internet y para seguir construyendo y afianzando nuestra identidad jurídica internacional. Además, estimo que Puerto Rico sería un aliado natural de EEUU y Occidente en los debates dentro del GAC.

CONCLUSIÓN

"¿Fronteras? Nunca he visto una. Pero he oído que existen en las mentes de algunas personas".[100]

Tras navegar el inmenso Pacífico, Heyerdahl hablaba de la unidad humana por encima de consideraciones geográficas y políticas. Pero el derecho internacional público se construyó sobre fronteras: la soberanía nacional como fundamento de la exclusividad de los estados

---

de este escrito todavía figurábamos, incorrectamente, como los representantes oficiales de REGULATEL ante el GAC, véase, About GAC, ICANN|GAC https://gac.icann.org/about/members (last visited Dec. 21, 2020).

[98] El Estado Libre Asociado de Puerto Rico, es, por ejemplo, Miembro Asociado de ECLAC (CEPAL) (Comisión Económica para América Latina y el Caribe Corrección de la ONU), Estados Miembros, CEPAL, https://www.cepal.org/es/estados-miembros (ultima visita Dic. 22, 2020). De hecho, Puerto Rico fungió como anfitrión durante el Trigésimo Período de Sesiones de esa organización intergubernamental (2003-2004), bajo el mandato de la Gobernadora Sila María Calderón, véase, Eleventh Meeting of the Monitoring Committee of the Caribbean Development and Cooperation Committee (CDCC), CEPAL (May 2, 2003), https://repositorio.cepal.org/bitstream/handle/11362/17118/LCcarG743_en.pdf.txt; véase, Gobernadora de Puerto Rico insta a fortalecer la democracia para alcanzar el desarrollo económico, CEPAL (Jul. 1, 2004), https://www.cepal.org/es/comunicados/gobernadora-puerto-rico-insta-fortalecer-la-democracia-alcanzar-desarrollo-economico. Puerto Rico también es Miembro Asociado de la organización Panamericana de la Salud (PAHO), véase, Member States, PAHO, http://new.paho.org/hq/index.php?option=com_content&task=view&id=103&Itemid=183 (last visited Dec. 20, 2020) (la cual es el brazo americano de la Organización Mundial de la Salud (WHO), y de la Organización Mundial de Turismo (UNWTO), véase, Member States, UNWTO, https://www.unwto.org/member-states (last visited Dec. 20, 2020) (ambas agencias de la ONU).

[99] El ex-Secretario de Justicia Sánchez Ramos designó a su entonces asesor, el hoy Prof. Hiram Meléndez Juarbe como representante de PR ante GAC, véase, Letter from Roberto Sánchez Ramos, Attorney General, Puerto Rico, to Mohamed Sharif Tarmizi, Chair, ICANN|GAC, about Representation of Puerto Rico in the Governmental Advisory Committee (Jun. 21, 2006), (en expediente y disponible en https://drive.google.com/file/d/1amc--6emFWZgEqZpQ0YVgEiBxOSxxB_v/view?usp=sharing).

[100] Thor Heyerdalh, explorador, biólogo y autor noruego (1914-2002).

independientes en la acción internacional con implicaciones jurídicas o normativas.

Una idea central de este escrito es que la cooperación global, basada en confianza mutua, en datos y en ciencia, es fundamental para atender efectivamente los fenómenos y retos transfronterizos, y que la gobernanza multistakeholder del Internet global dentro de ICANN es un muy avanzado ejemplo institucional de esta idea puesta en acción. La otra es que la Internet e ICANN, son hijas de las tensiones y procesos geopolíticos del Siglo XX y que su desarrollo libre, abierto y en gran medida privado, es parte y también motor de los procesos globalizadores económicos, políticos y tecnológicos que han demostrado la progresiva porosidad de las fronteras nacionales, de las soberanías, achicado al mundo y hecho patente la interconectividad e interdependencia de los seres humanos entre sí.

Si la pandemia del COVID-19 nos ha dado algo positivo, es la oportunidad y el tiempo para reflexionar. Esta pandemia y su manejo son eventos cuyas consecuencias apenas comenzamos a imaginar. Hay muchas preguntas y pocas respuestas.[101]

¿Fortalecerá la pandemia a los estados-naciones y reforzará los nacionalismos? ¿Ocurrirá una transferencia de poder hacia el este, ante la noción de que los modelos autoritarios han reaccionado efectivamente y el dato que EEUU ha perdido toda semblanza de liderazgo moral y político? ¿Veremos un nuevo tipo de globalización cuyas opciones sean el modelo surcoreano vs. el chino? ¿Estamos condenados a un Siglo XXI menos abierto, menos próspero y menos libre; un siglo de control?[102]

O, por otra parte, ¿emergerá algún nuevo internacionalismo, quizás menos neoliberal, con nuevas formas de seguridad social y sistemas para gestionar la interdependencia y la paz?[103]¿Dará la actual crisis el empujón necesario para que EEUU y las democracias liberales despierten, mejoradas, con cadenas de suministros y económicas más racionales e instituciones de gobernanza local y global más efectivas?

---

[101] John Allen, Nicholas Burns, Laurie Garret, Richard N. Haass, G. John Ikenberry, Kishore Mahbubani, Shivshankar Menon, Robin Niblett, Joseph S. Nye Jr, Shannon K. O'Neil, Kori Schake, Stephen M. Walt, How the World Will Look After the Coronavirus Pandemic, FOREIGN POLICY, (Mar. 3, 2020), https://foreignpolicy.com/2020/03/20/world-order-after-coroanvirus-pandemic/.

[102] HEIKO BORCHERT, FLOW CONTROL REWRITES GLOBALIZATION: IMPLICATIONS FOR BUSINESS AND INVESTORS (2019), available at https://www.borchert.ch/content/en/cmsfiles/publications/1901_Borchert_Flow_Control.pdf.

[103] En cuanto a paz global, véase, Immanuel Kant, Perpetual Peace: A Philosophical Sketch, en KANT: POLITICAL WRITINGS, 106 (Raymond Geuss and Quentin Skinner, eds., H B Nisbet, trans., 1991) (Para Kant, la 'paz perpetua' es posible si (1) todos los estados operan como democracias liberales; (2) se establece una confederación entre estos; (3) cimentada en una ciudadanía global (Weltbürgerrechts) basada en los derechos humanos universales.

Algo sí parece claro: no estamos ante el fin de un mundo interconectado. La pandemia en sí misma es prueba de nuestra interdependencia. Si la pandemia nos ayuda a reconocer el interés de la humanidad en cooperar multilateral y multiparcitivamente, habrá servido un propósito no solo útil, sino quizás salvador de la humanidad misma. Los grandes problemas del siglo XXI son globales no solo en su distribución, sino también en sus consecuencias. El cambio climático, los virus biológicos e informáticos, los impactos económicos y humanos de tecnologías fuera de control, entre otros peligros fácilmente imaginables, son problemas de todos, problemas humanos, problemas transnacionales, inmunes a las fronteras.

Occidente siempre ha caminado una cuerda floja: tiene que afirmar su poder estatal —su soberanía— local y globalmente, pero sin legitimar las agendas antiliberales de las fuerzas que combate, sean internas o externas.

La marcha de la globalización venía incrementando el impacto y la relevancia de las personas naturales y jurídicas privadas en la acción internacional, distanciándose de la simplicidad nacionalista y soberanista.[104] En lo correspondiente a Internet, este fenómeno ha sido clave para contrarrestar el ciber autoritarismo y procurar un Internet libre y abierto.

El multistakeholderismo —y su institucionalidad avanzada en

---

[104] Véase, GLOBAL COMM'N ON INTERNET GOVERNANCE, HACIA UN PACTO SOCIAL PARA LA S Y LA PRIVACIDAD DIGITAL (2015), available at https://www.cigionline.org/publications/toward-social-compact-digital-privacy-and-security (versión en inglés), https://docplayer.es/3354848-Hacia-un-pacto-social-para-la-seguridad-y-la-privacidad-digital-1.html (versión en español) (El Global Commission on Internet Governance (CIGI), un think tank global en parte creado por Chatham House, (Instituto Real de Asuntos Internacionales en Londres, equivalente inglés del Council on Foreign Relations de EEUU) propone un 'Pacto Social para la Seguridad y la Privacidad Digital' para lograr estos equilibrios entre privacidad, comercio y seguridad: "[Nuestra] sociedad digital requerirá un nivel muy elevado de acuerdo entre gobiernos, corporaciones privadas, personas y la comunidad técnica. Los gobiernos pueden proveer liderazgo, sin embargo, ellos solos no pueden definir el contenido del pacto social. Para lograr un acuerdo y aceptación amplia de todos los Stakeholders se necesitará la participación de todos los actores del ecosistema de Internet. . . . . [R]esalta una verdad fundamental de Internet: cada parte del ecosistema digital afecta a las otras. Por ende, el nuevo pacto social no puede tratar de encontrar el equilibrio entre los derechos humanos y la privacidad y los intereses del estado o los derechos comerciales. Se trata de asegurar que exista un marco dentro del cual cada Stakeholder tenga la responsabilidad de actuar no sólo por su propio interés, sino también en el interés del ecosistema de Internet como un todo. Por definición, el proceso debería generar resultados tipo ganar-ganar en lugar de generar ganadores y perdedores. La seguridad efectiva, los modelos de negocios exitosos y los derechos humanos se refuerzan mutuamente en el largo plazo. Todos los actores deben reconocer y ejercer su cuota de responsabilidad . . . . Al final, a todos los actores les interesa que Internet siga siendo confiable como un recurso global común: abierto, asequible, sin restricciones y disponible para todos como un medio seguro para generar más innovación. El gobierno, las empresas y la sociedad civil deben trabajar juntos hacia ese objetivo.").

ICANN— se cimenta sobre una moderna ideología de cooperación y consenso que valora y distingue al voluntario capacitado, prefiriéndole sobre narrativas estatales no muy evolucionadas desde el barroco tardío.[105] En lugar de ubicar al estado-nación en el rol internacional protagónico al que estamos acostumbrados, ICANN trata al interventor gubernamental, como un stakeholder más, a través de canales deliberadamente diseñados —como el GAC. ICANN entiende bien que la presencia y participación adecuada de soberanos en sus procesos le fortalece y le legitima geopolítica y jurídicamente, como innovación de gobernanza en el derecho internacional.[106]

Las implicaciones que esta creciente juridicidad transnacional tiene para entes no independientes como Puerto Rico, y para sus ciudadanos, resultan bastante obvias. El otrora exclusivísimo club de estados soberanos hoy admite corporaciones privadas comerciales en su Asamblea General. Y corporaciones privadas como ICANN, prescriben normas con efectos en países soberanos en cuya confección participaron personas jurídicas y ciudadanos de países no soberanos, quienes incluso dirigieron esos procesos. Demasiadas veces autolimitamos innecesariamente nuestras perspectivas, evitando explorar las posibilidades de acción del derecho internacional moderno.[107]

Estas no son ideas inéditas. Y menos aquí, en un salón de estudiosos de las tendencias más recientes del derecho mercantil, del derecho ambiental internacional, del derecho deportivo y del derecho de la informática. Pero fuera de este recinto, que personas naturales puedan participar en gestiones normativas internacionales, de forma igualitaria o ventajosa vis à vis países soberanos, no es un dato muy conocido.

ICANN, sin duda, refleja las estructuras y asimetrías de la vida real. Como diría Orwell, hay algunos 'más iguales que otros': grandes potencias nacionales que presionan individualmente y en bloque, mega-corporaciones multinacionales, organizaciones globales gubernamentales y ONGs, e incluso individuos con más poder que otros. Pero aun estas aparentes patologías pueden operar como fortalezas: el fuerte choque de

[105] En ese período es que se gesta la Paz de Westfalia, véase, generalmente, Marcílio Toscano Franca Filho, Wassily Kandinsky y el Derecho Internacional, BITÁCORA INTERNACIONAL (2019), https://www.bitacorainternacional.com/single-post/2019/09/21/Wassily-Kandinsky-y-el-Derecho-Internacional.

[106] La práctica consistente de los estados puede tener consecuencias jurídicas, como el inicio de costumbres legalmente relevantes o vinculantes en estados que no hayan 'objetado persistentemente' a la creación de dicha norma, véase, Caso de las Pesquerías (U.K. v. Nor.) 1951 I.C.J. 131.

[107] Las capacidades internacionales de los entes no soberanos tienen que ver mucho más con voluntad política y capacidad financiera que limitaciones legales, véase, generalmente, Rúa-Jovet, supra, nota 89.

intereses, la competencia de ideas,[108] de tesis y antítesis, dan credibilidad a los avances o consensos que sí se puedan lograr en temas controvertibles o espinosos. Y las batallas por la esencia libre del Internet serán aún más cruciales en un mundo post coronavirus en donde la imposición estatal y vertical parece más aceptable.

Cientos de teleconferencias a todas horas, cadenas de e-mails y, una vez emerjamos de este período de emergencia, reuniones por todo el planeta.

Voluntarios tratando de elegir lo que une y no lo que separa. Intentando dejar de lado lo que se cree, o lo que se sabe, para escuchar, comprender, entender, adelantar, consensuar y resolver problemas comunes; problemas humanos.

Entonces, extraordinariamente, la profunda socialización entre los diversos actores envueltos en este gran ritual de participación, genera reglas transnacionales aceptadas y vinculantes.

Estimo que esto es digno de estudio y emulación en todas las escalas de gobernanza. Particularmente dentro de las sociedades que se describen como democráticas.

---

[108] Véase, Abrams v. United States, 250 U.S. 616, 630 (1919) (opinión disidente, J. Oliver Wendell Jones) ("[t]he ultimate good desired is better reached by free trade in ideas . . . The best test of truth is the power of the thought to get itself accepted in the competition of the market. . .").

RESPUESTA A: "DERECHO TRANSNACIONAL MODERNO E ICANN, RETOS Y OPORTUNIDADES EN LA GOBERNANZA DE LA INTERNET" DE JAVIER RÚA-JOVET

MARI CARMEN APONTE*[109]

Si parte de la batalla en la Internet es pasado versus futuro, como dirían mis colegas en Ciales cuando van a los servicios religiosos los domingos en la mañana: Oh Happy Day! Encantada los que estamos llegando al invierno de nuestras vidas que nuestro futuro esté en manos de jóvenes puertorriqueños como Javier Rúa-Jovet.

En su discurso de instalación, el Académico Rúa-Jovet nos lleva en un viaje transnacional mundial donde nos da una perspectiva de una herramienta usada por billones de personas diariamente y que es tan natural y automático que ya ni imaginamos cómo vivíamos antes de la Internet. Yo si me acuerdo, y muchos de los que estamos aquí también nos acordamos. Los alegatos escritos a mano, y el cut and paste que resultaba en páginas amarillas de muchos tamaños, cortadas con tijeras para insertarlas y pegarlas con scotch tape antes de entregárselas a una secretaria que hiciera sentido del rompecabezas que habíamos construido. También me acuerdo que buscar referencias requería viajes a bibliotecas multipisos, llenos de libros, algunos antiguos y frágiles. Nada, que definitivamente, la Internet nos cambió la vida, haciéndola más sencilla y eficiente. Quién de los que nos acordamos y trabajábamos hace 30 años, pensamos que podríamos hacer compras en el colmado desde una máquina y estarían en nuestras casas en dos horas. El impacto es similar a la invención de la bombilla incandescente cuando nuestros días de momento se extendieron y las noches no eran exclusivamente para descansar y dormir.

El recorrido del joven Académico describe sin sentimentalismo su jornada personal al descubrimiento del ICANN y comparte con nosotros la sensación de descubrimiento, casi por casualidad, de tropezar con una organización, con estructuras accesibles, de alcance global a cargo de aspectos críticos al funcionamiento del Internet.

Pero la realidad es que ICANN, la Corporación de Internet para la Asignación de Nombres y Números, es escasamente conocida. Y aquí el Académico Rúa-Jovet nos lleva en nuevas excursiones que trascienden los conceptos longevos westfalianos de casi cuatro siglos al derecho transnacional. ¿Quién gobierna la Internet? ¿Cómo se gobierna? Una organización que incluye múltiples partes interesadas: múltiples partes con voces de múltiples sectores incluyendo el sector empresarial, académico, técnicos, sociedad civil y gobiernos. Una organización que responde a las necesidades de un mundo comprimido donde la toma de decisiones es por

---

* Académica Honoraria, Academia Puertorriqueña de Jurisprudencia y Legislación.

consenso horizontal, no vertical. Un cuerpo que ofrece unas oportunidades sin precedentes para Puerto Rico y los puertorriqueños.

Y es así, que en esta época global donde el mundo se achica cada día, la Internet es una herramienta que puede ser un caballo Troyano. Puede ser instrumento obvio que facilita la vida de individuos y gobiernos con aspiraciones de expandir y priorizar la democracia. Pero también puede ser un elemento estratégico en conseguir la desestabilización de esos mismos sistemas. Precisamente es en la apertura de la democracia donde vemos esta debilidad. Hemos visto como en EE UU durante por lo menos 4 ciclos de elecciones presidenciales pasadas las cuentas automatizadas, y las no automatizadas (botts) manipularon ciudadanos y difundieron información falsa. Y esto no se limita a los EEUU, hemos visto como en los últimos 18 meses esto ha sucedido en El Salvador, Panamá, Bolivia, Argentina. Y hemos observado como aumentaron y se viralizaron los fake news en un sinnúmero de plataformas. En los EEUU sobresalen los escándalos de Cambridge Analítica en Facebook y la distribución de información falsa a través de Twitter, propiciada principalmente por una entidad rusa. Esta última estrategia dirigió propaganda diseñada a promover descontento entre conservadores y liberales concentrándose en temas que provocaban descontentos en ambos lados del centro ideológico. En estos casos, los remedios para frenar estas prácticas que tenemos a la mano son limitados. Por ejemplo, el gobierno de los EEUU no ha legislado medidas para controlar esta conducta de países del extranjero, probablemente porque como nos sugiere el Académico Rúa, los gobiernos que se han aventurado a tratar de controlar internamente el Internet, lo hacen a su propio riesgo. No se puede limitar aspectos del Internet internamente en un país y a la misma vez pretender ser un líder global en comercio que depende esencialmente en la misma herramienta: el Internet. De hecho, hemos visto horrorizados cómo la falta de transparencia en China es un tema de transcendental importancia y cómo el tema del corona virus (COVID-19) no se podía dilucidar en el Internet. Vemos con espanto cómo el medico de Wuhan que desea disparar la alarma acerca del COVID-19, perece con el mismo virus, mientras el gobierno de la China trata de ocultar sus advertencias.

Estos ejemplos recientes, vividos y de máxima importancia a la vida política y de salud pública de países como EEUU y China nos llevan a preguntarnos: ¿cómo podemos proceder? Como sugiere el Académico Rúa: deshacernos de la Internet no es una opción. En palabras de William Shakespeare a través de Julieta, nos comenta:

"My only love sprung from my only hate"
"De mi único odio proviene mi único amor"[110]

Estas ironías, en el caso de Shakespeare, poéticas, nos llevan a buscar soluciones a situaciones de doble vinculo, y el Académico Rúa nos

[110] WILLIAM SHAKESPEARE, ROME & JULIET act 1, sc. 5.

sugiere una hoja de ruta: tenemos que paulatinamente, a través de la participación de personas como Rúa, buscar un balance, un consenso a través de estructuras como ICANN y los consejos que asesoran a la Junta de Directores de ICANN. Pero estos consejos también asesoran a la comunidad en general, por lo tanto, la membresía del puertorriqueño Dr. Pablo Rodriguez en el Country Code Names Supporting Organization (ccNSO) se convierte en un factor importantísimo. Otro Boricua, el Ingeniero Eduardo Díaz fue fundador de la organización At Large correspondiente a Norte America o North America Regional At-Large Organization (NARALO), el cual preside.

Pero no es solo el prestigio de estar en posiciones claves como el ccNSO y el Consejo Regional Norteamericano. Son también las oportunidades aprovechadas para la isla que estos peritos nos dan. Por ejemplo, el Dr. Rodríguez ha sido clave en provocar dos reuniones presenciales en Puerto Rico 2007 y 2018, y ya está planeando una tercera en marzo de 2022. Estas reuniones dan acceso directo a Puerto Rico a los miembros de este consejo. El Ingeniero Díaz, por ejemplo, es clave ya que a la vez de constituir NARALO, también lidera el capítulo puertorriqueño de la Internet Society.

Dicho de otra forma, en estas redes de contactos, existen las coyunturas para que los puertorriqueños, a través del Académico Rúa, el Dr. Rodríguez y el Ingeniero Díaz seamos parte integral del multistakeholderismo que influencia y ayuda a consensuar políticas globales de la Internet. Si aprovechamos esta oportunidad, y apoyamos a estos puertorriqueños, seremos parte de la gobernanza del Internet. Y hasta podríamos poner nuestra influencia para buscar oportunidades de ser puentes de paz y entendimiento en las batallas que se desatan alrededor de la Internet.

DESPERTÁNDOLE EL ALMA AL DERECHO*: LAS CONTRA-NARRATIVAS COMO INSTRUMENTO DE JUSTICIA SOCIAL

JACQUELINE N. FONT-GUZMÁN**

"Las cosas tienen vida propia–pregonaba el Gitano con áspero acento–, todo es cuestión de despertarles el ánima".[111]
García Márquez, *Cien años de soledad*

INTRODUCCIÓN

Buenas tardes.

Agradezco a los miembros de la Academia Puertorriqueña de Jurisprudencia y Legislación y a su señor Presidente por invitarme a ser parte de tan prestigioso cuerpo. Un especial agradecimiento al Profesor Carlos Ramos González por presentar mi candidatura como Académica Correspondiente.

Acepto esta invitación con humildad y un profundo sentido de responsabilidad. La responsabilidad de continuar poniendo en alto a Puerto Rico por medio de la investigación y la práctica del Derecho. La responsabilidad de continuar estando al servicio de mi país y de todas las personas que son marginadas por su género, estado de pobreza, fenotipos raciales y otras tantas maneras de opresión que están presentes en nuestro entorno social. La responsabilidad de abogar para que esas historias de opresión se escuchen y se transformen en historias de liberación.

En esta breve ponencia se me ha pedido reflexionar acerca de mi trabajo académico. Mi tesis y el hilo conductor de mi trabajo se fundamentan en la proposición que el cambio social rara vez emana del sistema legal. El cambio social ocurre cuando las personas se organizan al margen de las estructuras legales y por medio del conflicto emergen contra-narrativas que eventualmente transforman el sistema legal.[112] Las

---

* Discurso de instalación como Académica Correspondiente a la Academia de Jurisprudencia y legislación de Puerto Rico el 10 de diciembre de 2020.

** Catedrática de Derecho y Conflictología en Creighton University. Posee un JD de la Universidad Interamericana de Puerto Rico y un PhD en Análisis de Conflicto y Resolución de Nova Southeastern University.

[111] GABRIEL GARCÍA MÁRQUEZ, CIEN AÑOS DE SOLEDAD 9 (1993).

[112] JACQUELINE N. FONT-GUZMÁN, EXPERIENCING PUERTO RICAN CITIZENSHIP AND CULTURAL NATIONALISM 83-113 (2015).

historias y las experiencias de las personas son indispensables para avanzar la justicia social.

Luego de muchos años en el ejercicio de la práctica legal, me percaté que en ocasiones el sistema legal era desalmado, porque a veces privaba a las partes en disputa de relatar sus historias y el impacto que los conflictos tenían en sus vidas. En escritos anteriores he provisto el siguiente ejemplo de como el enfoque del litigio en hechos y reglas detracta del sufrimiento humano y lo reduce a un estatuto:

> La violencia contra una mujer brutalmente abusada por su pareja se reduce a la violación de un estatuto, su costilla rota se reduce a un hecho y su historia es extirpada por las reglas de evidencia, las cuales determinan qué puede y no puede decir. La ley además reduce a la mujer a un objeto al utilizar etiquetas como "víctima" o "demandante", en vez de verla como una madre con una historia única que narrar y un contexto particular.[113]

En muchas ocasiones presencié cómo se separaba la justicia de lo social. Así pues, como pregonaba Melquiades, el gitano en *Cien Años de Soledad*, me dediqué a despertarle el alma al Derecho, perturbando historias de opresión que habían sido normalizadas. Busqué complementar el derecho positivo con las siguientes preguntas: ¿Cómo las personas viven y sienten conceptos legales como la ciudadanía? ¿Cómo las personas marginadas se organizan para desmantelar estructuras opresivas? ¿Cómo podemos escalar el conflicto de manera constructiva y no-violenta para lograr cambios sociales cuyo norte es la justicia social? ¿Cómo podemos lograr un reencuentro de la justica con lo social?

Si hay algo que estos tiempos de desastres naturales y pandemia nos han enseñado, es que, aunque todos estamos impactados por estos eventos, no todos estamos igualmente situados. En ese sentido, siento que estos eventos, más que una ruptura con la cotidianidad, son una continuación de una impetuosa inequidad social que ha venido aumentando exponencialmente. La pandemia y los desastres naturales han revelado lo que muchos sabíamos se hallaba escondido a simple vista: los

---

[113] Jacqueline N. Font-Guzmán, "For Whom the Bell Tolls" in the Legal System: Access to Justice and Conflict Engagement, 5 CREIGHTON JOURNAL OF INTERDISCIPLINARY LEADERSHIP 20, 21-22 (2019) (traducción suplida).

desastres naturales y la pandemia no son el problema, la raíz del problema son las inequidades que están arraigadas en nuestras instituciones y estructuras legales, políticas, económicas y sociales. Como decía mi abuela materna, Sara; "la calentura no está en la sábana". Ante esta situación, me pregunto: ¿Cómo empezamos a desmantelar estos sistemas de opresión? ¿Cómo le despertamos el alma al Derecho?

Carlos Fuentes, galardonado novelista mexicano, nos relata en su libro, *En esto creo*, la respuesta que Vissarion Gregorievich Bielinsky, uno los más grandes críticos de la literatura rusa de su época, le ofreció a Fiódor Dostoyevski cuando este le preguntó: "¿Cómo abarcar la experiencia total de una humanidad sufriente, humillada, anhelante?" Bielinsky le responde:

> Empieza con un solo ser humano. El más cercano a ti. Toma con amor la mano del último hombre, de la última mujer que has visto, y en sus ojos verás reflejados todas las necesidades, todas las esperanzas y todo el amor de la humanidad entera.[114]

Es precisamente esta experiencia humana que anhelo recoger en mis trabajos investigativos. Aspiro a despertarle el alma al Derecho y en el proceso, lograr un reencuentro de la justicia con lo social. No siempre lo logro, pero nunca me rindo. En el tiempo que nos queda, compartiré con ustedes cómo trabajé estos temas en mi libro —Experiencing Puerto Rican Citizenship and Cultural Nationalism— *y cómo los exploro en mi próximo libro* —The Neutrality Trap: From Constructive Engagement to Strategic Disruption in Social Conflict— *el cual estoy redactando con mi colega, Dr. Bernard S. Mayer. El mismo será publicado por John Wiley and Sons en otoño de 2021.*

I. *Experiencing Puerto Rican Citizenship and Cultural Nationalism*

"Yo vivo mi ciudadanía en todas mis actividades diarias.
Amamos, respiramos, pensamos, nos expresamos,
y vivimos día a día a lo puertorriqueño".[115]
Juan R. "Tato" Ramos López

---

[114] Carlos Fuentes, En Esto Creo 23 (2002).
[115] Font-Guzmán, supra nota 2, en la pág. 45.

Este libro fue inspirado por el acto de renuncia a la ciudadanía estadounidense por parte de Juan Mari Brás (en adelante Mari Brás), prominente abogado nacido en Puerto Rico y activista a favor de la independencia de Puerto Rico. Hace veintiséis años, el 11 de julio de 1994, Mari Brás renunció legalmente a la ciudadanía estadounidense como un gesto de afirmación nacional de su puertorriqueñidad. Al momento de dicha renuncia, captaron mi atención los ataques, burlas, y en ocasiones mezquindad, hacia Mari Brás. Inclusive por personas que compartían su sueño de un Puerto Rico libre y soberano.

Similares confrontaciones surgieron cuando Mari Brás exitosamente reclamó su derecho al voto en las elecciones del año 1996 en Puerto Rico como ciudadano puertorriqueño en el caso *Ramírez de Ferrer v. Mari Brás.*[116] Como algunos recordarán, al momento de votar, Mari Brás ya tenía en su poder la certificación oficial de pérdida de ciudadanía emitida por el Departamento de Estado estadounidense y su voto había sido impugnado. Su subsecuente petición al Departamento de Estado de Puerto Rico para que certificara —por medio de documentación oficial— su condición de ciudadano puertorriqueño sufrió los mismos embates. Si el acto de renuncia de Mari Brás era fútil y sólo representaba una minoría, ¿por qué tanta cobertura en la prensa, ataques, y miedo? ¿Acaso era que con este acto Mari Brás empezaba a despertar el alma de la nación puertorriqueña?

El tema central del libro es que las experiencias subjetivas de la ciudadanía y cómo se ponen en práctica, aún dentro de un contexto colonial, son un instrumento eficaz para avanzar la justicia social y redefinir estructuras legales. Mari Brás lo tenía clarísimo, el proceso de "hacerse" ciudadano y el deseo de ser reconocido como tal no se dan exclusivamente en el mundo jurídico, también surgen de las normas sociales que se definen por medio de nuestras interacciones.[117] Bajo el concepto cívico de la ley, las leyes se crean cuando, por medio de nuestras acciones y las relaciones entre los ciudadanos, se comparten narrativas que se transforman en contra-narrativas, con el potencial de acercar el orden jurídico hacia la justicia social.[118] Como me decía una juez del poder judicial en España hace varios años: "Es que a muchos

[116] Ramírez de Ferrer v. Mari Brás, 144 DPR 141 (1997).
[117] JUDITH BUTLER, UNDOING GENDER 2 (2004). Véase también Jacqueline N. Font-Guzmán, Confronting a Colonial Legacy: Asserting Identity by Legally Renouncing U.S. Citizenship, 25 CENTRO JOURNAL 22 (2013). Este tema se está actualmente desarrollando más a fondo por la autora en un capítulo próximo a publicarse, titulado: La Ciudadanía Puertorriqueña: Ejercicio Performativo de Afirmación Nacional y Resistencia en el Experimento Jurídico de Juan Mari Brás.
[118] Font-Guzmán, supra nota 7. Véase también Palma Joy Strand, The Civic Underpinnings of Legal Change: Gay Rights, Abortion, and Gun Control, 21 TEMPLE POLITICAL & CIVIL RIGHTS LAW REVIEW 117 (2011).

abogados se les olvida que hay vida fuera del Código Civil".

Además, en este estudio cuestiono la definición prevaleciente de ciudadanía como una institución legal homogénea que establece quiénes pueden ser reconocidos y actuar como sujetos en una comunidad política identificada como una nación-estado soberana.[119] Las narrativas presentadas en la investigación demuestran cómo esta definición está obsoleta, toda vez que hay naciones que no encajan en este modelo dominante. Entre ellas se encuentran las naciones indígenas y colonias en el post colonialismo como Puerto Rico. Más allá de retar teorías existentes de ciudadanía, el estudio amplía la definición de ciudadanía y los espacios sociales en los cuales la misma se crea al margen del Estado soberano. Las narrativas recopiladas nos recuerdan que los imperios no tienen ciudadanos, sino súbditos.[120] ¿Cuál es la diferencia? Que el ciudadano es un miembro de una comunidad política con responsabilidades y plenos derechos políticos y civiles. El súbdito le debe lealtad al Estado y es protegido por el Estado, pero no tiene derechos plenos.[121]

En cuanto a la crítica hecha por muchos a Mari Brás por utilizar el concepto de ciudadanía puertorriqueña en la Ley Foraker —una ley federal impuesta por el régimen imperialista que él reta— les recuerdo que en las luchas para desmantelar sistemas injustos, y especialmente en las colonias, no existe tal cosa como estar 'fuera del sistema'. Los actos de subversión necesariamente ocurren dentro del sistema que los sostiene. Como muy bien señalaba Foucault, la resistencia al poder "nunca está en posición de exterioridad respecto" a las estructuras que se pretenden cambiar.[122]

---

[119] FONT-GUZMÁN, supra nota 2. Véase también WILLEM MAAS, MULTILEVEL CITIZENSHIP (2013).

[120] Jacqueline N. Font-Guzmán, Puerto Ricans are hardly U.S. citizens. They are colonial subjects, THE WASHINGTON POST (13 de diciembre de 2017), https://www.washingtonpost.com/opinions/puerto-ricans-are-hardly-us-citizens-they-are-colonial-subjects/2017/12/13/c0f1c700-de9f-11e7-89e8-edec16379010_story.html

[121] FONT-GUZMÁN, supra nota 2, en la pág. 35.

[122] MICHEL FOUCAULT, HISTORIA DE LA SEXUALIDAD 1: LA VOLUNTAD DE SABER 116 (1976). Este tema se está actualmente desarrollando más a fondo por la autora en un capítulo próximo a publicarse, titulado: La Ciudadanía Puertorriqueña: Ejercicio Performativo de Afirmación Nacional y Resistencia en el Experimento Jurídico de Juan Mari Brás.

II. *THE NEUTRALITY TRAP: FROM CONSTRUCTIVE ENGAGEMENT TO STRATEGIC DISRUPTION IN SOCIAL CONFLICT*

"Escalar el conflicto es una herramienta útil para mantenerse conectado al mismo de manera constructiva y eficaz; la alternativa inaceptable es evitar confrontar asuntos trascendentales".[123]
Jacqueline N. Font-Guzmán

El concepto de este libro se basa en la creencia que, si queremos un futuro mejor, tenemos que profundizar más en la manera en que enfrentamos los conflictos. En los últimos años hemos visto cómo el mundo está convulsionando. Países alrededor del mundo se han alzado para reclamar mayor justicia social. Hemos visto cómo en Hong Kong el pueblo ocupó las calles para exigir mayor democracia. Por su parte, los chilenos hicieron protestas masivas logrando un voto a favor de modificar su Constitución, la cual no se reformaba desde la dictadura de Pinochet. En Puerto Rico muchos de nosotros vivimos y participamos de las protestas durante el "Verano de 2019", en la cual el pueblo indignado reclamó la renuncia de su gobernador.

El conflicto es inevitable y nos presenta oportunidades para cambiar sistemas opresivos y, de ser necesario, desmantelarlos y reconstruirlos. Sostenemos que nuestra habilidad para confrontar estos conflictos va a requerir que nos alejemos de procesos tradicionales para resolverlos, cuyo enfoque ha sido apaciguarlos, ignorarlos, minimizarlos o buscar soluciones para mantener el *status quo*. Cuestionamos la aplicabilidad de valores como la objetividad, neutralidad, imparcialidad y "soluciones balanceadas" porque son normas problemáticas cuando estamos ante sistemas que sostienen inequidades de poder abismales, como las que están presentes en el racismo, la misoginia y el colonialismo. Para confrontar estos problemas es necesario tener destrezas que van mas allá de resolver conflictos. Tenemos que aprender a escalar el conflicto de manera constructiva y pacífica, y perturbar estratégicamente las estructuras de inequidad que están cimentadas en nuestras instituciones y sistemas.

Este libro ofrecerá principios para entender estos conflictos sociales que confrontamos y mecanismos para retar el *status quo* de manera efectiva y estratégica. El libro servirá de guía para utilizar el conflicto como herramienta de cambio y justicia social.

---

[123] Jacqueline N. Font Guzmán, Closing the Gap: Using Dispute Systems Design to Integrate Advance Care Planning in a Latino Community, 13 UNIVERSITY OF ST. THOMAS LAW JOURNAL 192, 208 (2017).

Comentarios finales de agradecimiento

No hay tal cosa como un logro individual. Todo mi trabajo ha sido posible gracias al apoyo de mi esposo, mis hijos y mi familia. También doy gracias a mis colegas y a mis estudiantes con quienes tengo conversaciones enriquecedoras. Finalmente, le agradezco a mi mamá, quién falleció el año pasado, pero no sin antes enseñarme a amar mi patria, mi familia, la importancia de servir a personas marginadas y de luchar para avanzar la justicia social.

Muchas gracias por su atención.

UNA MIRADA COMPROMETIDA SOBRE EL DERECHO Y EL CONFLICTO SOCIAL: CONTESTACIÓN A DISCURSO DE INSTALACIÓN DE LA ACADÉMICA CORRESPONDIENTE, DRA. JACQUELINE N. FONT-GUZMÁN

Carlos E. Ramos González[*]

SEÑOR PRESIDENTE, ACADÉMICOS Y ACADÉMICAS PRESENTES, ACADÉMICA CORRESPONDIENTE, DRA. JACQUELINE FONT-GUZMÁN, AMIGOS Y AMIGAS:

Conviene recordar unas palabras de uno de nuestros académicos fundadores, don José Trías Monge -cuyo centenario conmemoramos-, en ocasión de la incorporación e inauguración de esta Academia como correspondiente de la Real Academia de Jurisprudencia y Legislación de España. Nos decía que, en el camino de reformar nuestro derecho patrio, había que "identificar las bases comunes en el Puerto Rico de hoy que permiten el remozamiento de nuestro derecho sin violentar el credo político de partido alguno. Después de todo, de lo que se trata es de emprender una tarea científica y no de confeccionar manifiestos".[124] En ese proceso de identificación, es imprescindible considerar que detrás de muchos conflictos judiciales, hay un drama humano que el jurista no puede dejar oculto u opaco por las formas jurídicas o las doctrinas que utiliza para resolverlos.[125]

La Académica Correspondiente, Dra. Jacqueline N. Font-Guzmán, ha dedicado su vida profesional a la búsqueda de la experiencia humana dentro del ámbito del Derecho con el fin de, en sus palabras, "despertarle el alma al Derecho y, en el proceso, lograr un reencuentro de la justicia con lo social".[126] En consecuencia, ha colocado su óptica en las personas marginadas, para que se entienda mejor la forma de desmantelar las estructuras que producen esa marginación. Desde la nación norteamericana donde reside, emprende esta tarea científica investigando nuevas formas de promover el cambio social fuera de la estructura jurídica. Ello, justamente, para transformar esa norma que impide el cambio y así lograr un mundo más justo.

---

[*] Catedrático de la Facultad de Derecho de la Universidad Interamericana de Puerto Rico y Académico Numerario de la Academia Puertorriqueña de Jurisprudencia y Legislación.

[124] José Trías Monge, Discurso inagural, 1 REV. ACAD. PR JURIS. & LEGIS. 9, 15 (1989).

[125] JOSÉ TRÍAS MONGE, CÓMO FUE: MEMORIAS 211 (2005).

[126] Jacqueline N. Font-Guzmán, Despertándole el alma al Derecho: las contra-narrativas como instrumento de justicia social, Discurso de instalación como Académica Correspondiente de la Academia Puertorriqueña de Jurisprudencia y Legislación (10 de diciembre de 2020).

Esa búsqueda tiene pertinencia y urgencia universal; pero, ante todo, tiene pertinencia y urgencia en nuestro país. Eso explica que la Dra. Font-Guzmán se haya enfocado en uno de los temas medulares de nuestra relación política con los Estados Unidos: la ciudadanía política norteamericana de los puertorriqueños y las puertorriqueñas. Les invito a leer su estudio anclado en el conocido caso del Tribunal Supremo de Puerto Rico *Ramírez de Ferrer v. Mari Brás*.[127] Su libro sobre este asunto es una nueva mirada a esta ciudadanía política, que trasciende las teorías existentes más comunes sobre el concepto de *ciudadanía*.[128] Además, lo hace con el rigor científico que reclamaba nuestro Académico Fundador. Nada más pertinente para nuestra Academia, pues se une a los trabajos extraordinarios del académico numerario José Julián Álvarez González y el académico honorario Honorable José A. Cabranes, sobre el tema de la ciudadanía americana de los puertorriqueños y las puertorriqueñas.[129]

Cónsono con esta mirada crítica, resulta indispensable para nuestra Academia que la nueva Académica Correspondiente sea una especialista en la negociación y resolución alternativa de conflictos de reconocimiento en los Estados Unidos y en otras partes del mundo. Precisamente, este tema era uno de los temas favoritos del académico numerario Trías Monge. Hace treinta y siete años, mientras se desempeñaba como Juez Presidente del Tribunal Supremo de Puerto Rico, Trías Monge fue muy receptivo y respaldó la creación del primer centro de resolución alternativa de disputas, adscrito a la Rama Judicial de Puerto Rico.[130] El Centro fue creado con ayuda financiera de la Oficina Legal de la Comunidad de Santurce, que, a su vez, había sido inaugurada bajo el auspicio de la Facultad de Derecho de la Universidad Interamericana de Puerto Rico. El entonces director ejecutivo de dicha oficina, el Honorable Federico Hernández Denton, y el entonces director administrativo de los tribunales de Puerto Rico, Eulalio Torres González, se unieron al Juez Presidente en la creación de esta oficina.

---

[127] Ramírez de Ferrer v. Mari Brás, 144 DPR 141 (1997).

[128] JACQUELINE N. FONT-GUZMÁN, EXPERIENCING PUERTO RICAN CITIZENSHIP AND CULTURAL NATIONALISM (2015).

[129] José Julián Álvarez González, The Empire Strikes Out: Congressional Ruminations on the Citizenship Status of Puerto Ricans, 27 HAR. J. LEGIS. 309 (1990); José A. Cabranes, Citizenship and the American Empire, 127 U. PA. L. REV. 391 (1978).

[130] El 1 de febrero de 1983 se instituyó el Centro de Solución de Disputas como un proyecto demostrativo en el Centro Judicial de San Juan. Luego, en 1984, el Centro de Solución de Disputas de San Juan fue adoptado como un programa regular de la Rama Judicial de Puerto Rico.

El resultado de esa gestión perdura hasta nuestros días a través del *Negociado de Métodos Alternos* del Tribunal Supremo de Puerto Rico.[131] Más aún: ese esfuerzo hizo que la Facultad de Derecho de la Universidad Interamericana de Puerto Rico desarrollara los primeros cursos de Derecho sobre la resolución alternativa de disputas en Puerto Rico y los Estados Unidos. Estos cursos estaban vinculados a los métodos alternos de adjudicación de conflictos e incluían un módulo de educación clínica especializado en esta materia. Desde hace más de veinticinco años, el catedrático de Derecho, Dr. Doel R. Quiñonez Núñez, ha dirigido estos esfuerzos académicos con una exitosa variedad de resultados. De hecho, el impacto de este trabajo consecuente ha sido tal que, con la aprobación de un reglamento en 1999, el Tribunal Supremo de Puerto Rico estableció que uno de sus objetivos es promover el uso de los métodos alternos en el sistema judicial puertorriqueño.[132]

La nueva Académica Correspondiente, Dra. Font-Guzmán, se afana en desarrollar esta metodología de una forma que trasciende su entendido ya generalizado. Busca profundizar en conflictos que van más allá de las disputas individuales tradicionales para proponer un modelo que también sirva para resolver aquellas de índole social y colectivos. Frente al racismo, la misoginia y el colonialismo, propone enfrentar los conflictos que se derivan de estas inequidades del poder, con el desarrollo de unas destrezas alternativas a su resolución tradicional. Me resulta alentador y pertinente su propuesta de enfrentarlos escalándolos "de manera constructiva y pacífica", [133] pero "perturbando estratégicamente las estructuras de inequidad" que las cimientan.[134]

Coincido con la nueva Académica Correspondiente en que el *Verano de 2019* vimos atisbos o resultados de esta estrategia. Grandes sectores de nuestra sociedad reclamaban estar viviendo la Constitución de Puerto Rico en la calle; tenían razón. Creo también que, en nuestra historia reciente, se han instado y se interpelarán litigios perturbadores. Sin embargo, en un giro dialéctico, son litigios que se pierden, pero se ganan por una causa que trasciende unos resultados judiciales inmediatos.

Académica Correspondiente, Dra. Jacqueline N. Font-Guzmán, nos hacía falta su perspectiva. Los eventos de los últimos años en nuestro país, y la nueva cara de los viejos conflictos políticos y sociales, demandan

---

[131] PODER JUDICIAL DE PUERTO RICO, www.poderjudicial.pr/index.php/negociado-de-metodos-alternos/ (última visita 14 de abril de 2021).
[132] Véase REG. DE MÉTODOS ALTERNOS PARA LA SOLUCIÓN DE CONFLICTOS, 4 LPRA Ap. XXIX, R. 1.01 (2020).
[133] Font-Guzmán, supra nota 3.
[134] Id.

adquirir las destrezas que usted desarrolla con tanta ciencia y verticalidad. Su obligación ahora se magnifica: manténganos al día y use la Academia Puertorriqueña de Jurisprudencia y Legislación. Desde los Estados Unidos, comparta también esa experiencia con la comunidad puertorriqueña aquí en su nación de origen. Parafraseando a nuestro presidente, Antonio García Padilla: gracias por esa mirada más integral, que permite a la Academia crear mejores caminos futuros.[135]

Enhorabuena y felicidades por este logro profesional.

En San Juan de Puerto Rico, a 10 de diciembre de 2020.

---

[135] Antonio García Padilla, Mensaje del Presidente con motivo de la instalación del doctor Ángel R. Oquendo, la doctora Christina Duffy Ponsa y la decana María Pabón López como Académicos Correspondientes, 12 REV. ACAD. PR JURIS. & LEGIS. 61, 65 (2014).

DOS NUEVAS OBRAS SOBRE DERECHO PROCESAL CIVIL: PRACTICA JURÍDICA DE PUERTO RICO: DERECHO PROCESAL CIVIL; EL DESCUBRIMIENTO DE INFORMACIÓN ELECTRÓNICA

ANTONIO GARCÍA PADILLA Y SONIA BALET DALMAU*

Recientemente se han puesto en circulación dos importantes obras sobre derecho procesal civil puertorriqueño. Lexis Nexis publicó la sexta edición del *Derecho Procesal Civil* de Rafael Hernández Colón.[136] Publicaciones Puertorriqueñas, por su parte, sorprendió con la edición del tratado de Alejandro H. Mercado Martínez, un joven abogado puertorriqueño, sobre *El descubrimiento de información electrónica*.[137] Tal coincidencia amerita un comentario. La publicación concurrente de obras como estas es invitación obligada a dialogar sobre los temas que abordan.

Hay que decir, primero, que ambos autores provienen de la profesión. La abogacía puertorriqueña tiene mucho de qué preciarse por el inventario de trabajos de envergadura que puede exhibir. Los dos nuevos libros dan continuidad a una importante secuencia de obras de buen calibre producidas en Puerto Rico por abogados practicantes y jueces en servicio.[138] Es una tradición que, de cara al futuro, debe fortalecerse.

---

* Antonio García Padilla es Decano Emérito de la Escuela de Derecho de la Universidad de Puerto Rico. Fue Presidente de la Universidad de Puerto Rico (2001-2009) y Decano de la Escuela de Derecho de la Universidad de Puerto Rico (1986-2001). Sonia Balet Dalmau es Catedrática de Estadísticas en el Recinto de Río Piedras de la Universidad de Puerto Rico. Fue Decana de la Facultad de Administración de Empresas (1991-1998) y Decana de Asuntos Académicos (2002-2010) de ese recinto. El estudiante David Aristizábal, de segundo año, coadyuvó en la investigación de los temas tratados en esta reseña. Igualmente, el alumno Ramón Correa Colón. Los autores agradecen la ayuda de ambos estudiantes.

136 RAFAEL HERNÁNDEZ COLÓN, PRÁCTICA JURÍDICA DE PUERTO RICO: DERECHO PROCESAL CIVIL (6ta Ed., 2017).

137 ALEJANDRO H. MERCADO MARTÍNEZ, DERECHO PROCESAL CIVIL AVANZADO: EL DESCUBRIMIENTO DE INFORMACIÓN ELECTRÓNICA (E-DISCOVERY) (2017).

138 Sería inoficioso tratar de relacionarlas todas aquí. Tómense solo algunos ejemplos: JOSÉ TRÍAS MONGE, EL SISTEMA JUDICIAL DE PUERTO RICO (1978); LA CRISIS DEL DERECHO EN PUERTO RICO (1978); EL CHOQUE DE DOS CULTURAS JURÍDICAS EN PUERTO RICO: EL CASO DE LA RESPONSABILIDAD CIVIL EXTRACONTRACTUAL (1991); SOCIEDAD, DERECHO Y JUSTICIA: DISCURSOS Y ENSAYOS; HISTORIA CONSTITUCIONAL DE PUERTO RICO (1994); PUERTO RICO: THE TRIALS OF THE OLDEST COLONY IN THE WORLD (1997); TEORÍA DE ADJUDICACIÓN (2000); CÓMO FUE: MEMORIAS (2009). JOSÉ CUEVAS SEGARRA, LA RESPONSABILIDAD CIVIL Y EL DAÑO EXTRACONTRACTUAL EN PUERTO RICO (1993); LOS CONTRATOS ESPECIALES: PUERTO RICO Y ESPAÑA (1998); DERECHO SUCESORIO COMPARADO: PUERTO RICO Y ESPAÑA (2003); TRATADO DE DERECHO PROCESAL CIVIL (2011). GENOVEVO MELÉNDEZ CARRUCINI, INGRESO NO TRIBUTABLE: EXCLUSIONES Y DOCTRINAS (1994). SARAH E. TORRES PERALTA, EL DERECHO NOTARIAL PUERTORRIQUEÑO (1995); LA LEY DE SUSTENTO DE MENORES Y EL DERECHO ALIMENTARIO EN PUERTO RICO (2007). DAVID RIVÉ RIVERA, RECURSOS

¿Cómo se interrelacionan estas dos obras que han visto la luz recientemente? ¿Qué representan para nuestro derecho procesal? ¿A qué reflexiones obligan estos dos libros? Miremos primero el trabajo de Hernández Colón:

Es interesante la evolución del tratado de Hernández. Su primera edición, de 1967, se usaba como referencia básica por los alumnos que estudiaban derecho en Puerto Rico durante los años setenta del siglo pasado. En aquellos tiempos, la primera edición del *Derecho Procesal Civil* complementaba los magníficos tratados de Charles Alan Wright[139] y William J. Moore[140] sobre procedimiento civil que proveían apoyos indispensables a los alumnos. Los tratados de Moore y Wright están enfocados en el sistema federal y no entran, desde luego, en detalles particulares del derecho procesal de Puerto Rico. Además, son obras amplísimas, realmente enciclopédicas, que tratan de cubrir todos los pormenores del proceso. De modo que una obra corta, orientada a Puerto Rico, se perfilaba ya como buena compañera de esas otras obras mayores que lideraban el pensamiento sobre el tema.

Muchos años después, en 1997, la cuarta edición del libro fue objeto de atención académica especial.[141] Y más tarde aún, en 2010, la quinta edición del tratado generó discusión entre académicos, habida cuenta de sus apuntamientos en torno a reformas procesales recientemente adoptadas.

Cada edición ha sido distinta de su antecesora.[142] No solo en cuanto se esfuerza por incorporar los cambios que entre edición y edición ocurren en las reglas y leyes, la nueva jurisprudencia, sino porque cada edición escoge problemas procesales distintos con relación a los cuales profundizar.

EXTRAORDINARIOS (1996). ROLANDO CRUZ, DERECHO DE SEGUROS (1999). HÉCTOR SERRANO MANGUAL, EL USUFRUCTO VIUDAL EN EL DERECHO PUERTORRIQUEÑO (2006); RAFAEL BENET MELÉNDEZ, EL DESAHUCIO (2011). JINELLY LAUREANO VÁZQUEZ, CUSTODIA COMPARTIDA: ¿SOLUCIÓN O DILEMA? (2013). CARMEN T. LUGO IRIZARRY, ANÁLISIS CRITICO SOBRE LA LEY DE FIDEICOMISOS DE PUERTO RICO (2017). FÉLIX J. BARTOLOMEI RODRÍGUEZ, LA IRRENUNCIABILIDAD DEL DERECHO LABORAL Y LA MEDIACIÓN (2018).

[139] CHARLES ALAN WRIGHT, FEDERAL PRACTICE AND PROCEDURE (2019).

[140] JAMES W. MOORE AND DANIEL R. COQUILLETTE, MOORE'S FEDERAL PRACTICE (2018).

[141] Antonio García Padilla, Prólogo a la cuarta edición de RAFAEL HERNÁNDEZ COLÓN PRÁCTICA JURÍDICA DE PUERTO RICO: DERECHO PROCESAL CIVIL (4ta. ed. 1997).

[142] Distinta a las anteriores, la sexta edición del tratado de Hernández Colón es dedicada por el autor a su padre, Rafael Hernández Matos (1902-1996), juez asociado del Tribunal Supremo de Puerto Rico entre 1957 y 1972. Añade el autor en la dedicatoria, que su padre hubiese preferido que dedicara su vida al ejercicio de la abogacía. De esa forma, el autor enlaza la obra con sus raíces personales y profesionales. Esa mirada al comienzo no suele ser accidental. Responde a veces, aunque parezca paradójico, a momentos de conclusión, cuando se mira atrás al camino recorrido. Ojalá que en este caso no sea así. Esperemos que la dedicatoria no responda a la decisión del autor de ponerle punto final a su relación con esta obra. El Derecho Procesal Civil tiene todavía crecimientos significativos que explorar.

En esta última estampación el autor inicia un diálogo con ediciones anteriores. Enfoca asuntos enfatizados en otras ediciones y pasa juicio sobre la forma en que han evolucionado. Tomemos un ejemplo interesante: Un tema dominante de la quinta edición fue la reforma procesal que tuvo lugar en Puerto Rico en 2009. Entre otras cosas, la reforma promovió que los jueces puertorriqueños de primera instancia tomen el control temprano de los casos que se ventilan ante ellos. Ese fue el mandato de la Regla 37 según se adoptó en 2009.[143] Desde luego que la propuesta de 2009

[143] En particular, la regla 37.2 dispone:

> En todos los casos contenciosos, con excepción de aquellos bajo la Regla 60 de este apéndice u otros regulados por leyes especiales, el tribunal señalará una conferencia inicial no más tarde de los sesenta (60) días después de presentado el Informe para el Manejo del Caso. En la conferencia inicial se considerará, entre otras cosas:
>
> (a) Las controversias sobre jurisdicción o competencia.
> (b) La acumulación de partes o reclamaciones.
> (c) Las enmiendas a las alegaciones.
> (d) Las estipulaciones sobre los hechos y documentos, de tal forma que se evite un descubrimiento adicional y la presentación de prueba innecesaria.
> (e) Los hechos materiales controvertidos y el derecho aplicable.
> (f) Evaluar el caso conforme a la reglamentación relativa a los métodos alternos para la solución de conflictos.
> (g) Los límites, el alcance y el término final para concluir el descubrimiento de prueba pendiente.
> (h) La expedición de órdenes protectoras.
> (i) El término para presentar mociones dispositivas.
> (j) El término para presentar enmiendas a las alegaciones, conforme lo dispuesto en la Regla 6.2(c) de este apéndice.
> (k) La separación de las controversias para adjudicación independiente.
> (l) Los pleitos relacionados pendientes, por presentarse o su consolidación.
> (m) El intercambio del inventario, la descripción y valoración estimada por las partes de los bienes, y copia de todos aquellos documentos requeridos mediante ley o reglamento para la tramitación del caso.
> (n) La posibilidad de certificar el caso como un caso de litigación compleja.
> (o) La conveniencia de someter preliminarmente cuestiones litigiosas a un(a) comisionado(a), administrador(a) judicial, contador(a) partidor(a), liquidador(a), tasador(a), síndico(a), árbitro(a), tutor(a), perito(a), administrador(a) ad hoc o cualquier otro recurso humano.
> (p) Las estipulaciones para facilitar la tramitación del caso.
> (q) Las transacciones.
> (r) Señalar la fecha del juicio.
> (s) Cualesquiera otras medidas para facilitar la más pronta tramitación del pleito.
> Nada de lo dispuesto en esta regla impide que el tribunal, en virtud de lo expuesto en el Informe para el Manejo del Caso, sustituya el

demanda nuevas disciplinas de trabajo, cambios de cultura e inversión de recursos. Son los factores que, con el tiempo, permiten evaluar en qué medida y por qué corresponde celebrar el éxito de las reformas de 2009 y en qué medida y por qué se han frustrado las expectativas que en las reformas se cifraron.

En la sexta edición, el autor aborda algunas de esas interrogantes. Dice así:

> La Regla 37 se aprobó en el 2009 con muchas esperanzas de que habría de ayudar significativamente a la fluidez del manejo de los casos y de esta manera atender el problema de la dilación en el Tribunal de Primera Instancia. La implantación de la misma por la Judicatura y por la profesión legal en términos generales no ha estado a la altura de las esperanzas cifradas en esta Regla. Hay un número considerable de jueces que hace uso de ella, pero también hay, y muchos, sobre todo los de mayor antigüedad que se resisten a usarla.
>
> Los que hacen uso de ella han comprobado se eficacia para controlar el proceso y darle mayor fluidez al movimiento a los casos. Su utilidad se refleja dramáticamente en el número de casos resueltos. El problema con la implantación de la Regla es que no se ha entendido por muchos jueces y abogados que la misma contiene un requisito mandatorio. Por lo tanto, no se implanta con rigurosidad y uniformidad en todo el sistema.[144]

Insertémonos en ese diálogo que el tratado de Hernández Colón inicia en torno a este importante tema. Para calibrar las percepciones del autor, conviene colocarlas en el contexto de la organización del sistema judicial puertorriqueño, de los recursos con que cuenta el sistema y de la forma en que se distribuyen a través de los organismos que lo componen. Los acercamientos prescriptivos al derecho procesal, para entenderse mejor, deben mirarse a la luz de los recursos que respaldan las medidas prescritas y de las dinámicas operacionales que pugnan a favor o en contra del éxito de las normas adoptadas. Echemos una mirada rápida por esos territorios.

> señalamiento de la conferencia inicial por el de la conferencia con antelación al juicio o el juicio, u ordene la celebración de conferencias adicionales con el propósito de dirigir los procedimientos relacionados con el descubrimiento de prueba.

R.P. Civ. 37.2, 32 LPRA Ap. V (2010).

[144] Rafael Hernández Colón, Práctica Jurídica De Puerto Rico: Derecho Procesal Civil 379 (6ta Ed., 2017).

Veamos, en primer lugar, con el debido reconocimiento a los riesgos que conlleva,[145] la carga relativa de los jueces de primera instancia, que son los llamados a invertir el esfuerzo adicional que reclama la Regla 37 de 2009. ¿Cuentan los jueces puertorriqueños de primera instancia con el espacio para asumir las responsabilidades que les impone la Regla 37 de 2009?

Puerto Rico tiene 319 jueces para la atención del litigio de primera instancia, civil, criminal, de todo tipo. La carga relativa de los jueces puertorriqueños de primera instancia no es pesada si se compara con la de sus homólogos en los estados de Estados Unidos que proveen información comparable. Tómese como ejemplo el año 2016.

Para 2016 la actividad de las cortes de Puerto Rico se distribuyó de la siguiente forma entre los tres niveles que forman el sistema puertorriqueño - instancia, apelativo y supremo - según surge de la Gráfica 1.

Gráfica 1

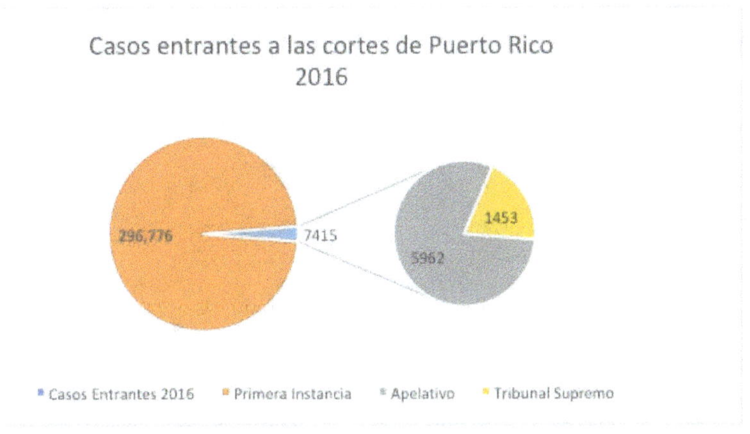

[145] En la comparación de las ejecutorias de los sistemas judiciales de las distintas jurisdicciones de Estados Unidos, hay muchos riesgos que reconocer. Cada sistema judicial es distinto tanto en su organización como en sus culturas operacionales. Ni tan siquiera el notable esfuerzo de colección de data judicial que auspicia el National Center for State Courts cuenta con información completa de todas las jurisdicciones concernidas. Es un proyecto todavía en desarrollo. Pero esos riesgos no deben disuadir las propuestas de comparación. Al contrario. Los errores e imprecisiones que amenazaron los estudios comparados por causa de problemas con la data que les sirve de base, solo deben ser un incentivo mejorar los sistemas de colección de datos. Una limitación que reconocemos en nuestro análisis es la respuesta inconsistente a los esfuerzos de codificación de datos, que afecta unas variables más que a otras. Esto resulta en que el grupo de comparación depende de la variable que se examina y de cuáles son los estados informantes de cada tipo de datos. Los grupos de comparación varían de entre 25 a 49 jurisdicciones dependiendo de la variable.

Como muestra la Gráfica 1 el sistema judicial puertorriqueño recibió 296,776 casos en ese año.[146] Un análisis comparativo usando los datos del *National Center for State Courts* refleja que, entre los diez estados con tamaño de población similar, Puerto Rico tiene el mínimo de casos entrantes al tribunal de primera instancia. El más cercano es Nuevo Méjico con 366,871. Aun cuando se compara con un grupo de 37 estados informantes, más diverso en población, Puerto Rico está en el 25% con menos casos.[147]

Por otra parte, con relación a los niveles superiores de apelación, en las cortes de primera instancia de Puerto Rico entran 50.8 casos por cada caso entrante en el ámbito apelativo, y 101.15 por cada caso presentado en el Tribunal Supremo. Esto representa la carga mínima a nivel de instancia relativa a los niveles superiores entre los estados que informaron (26 en el ámbito apelativo y 34 en el Tribunal Supremo). Esta relación distingue a Puerto Rico como la jurisdicción con la tasa más baja de casos entrantes en primera instancia por caso entrante en los niveles apelativo y supremo. Siguen Washington DC con 73.9 casos de instancia por caso apelativo y New Hampshire con 186.4 por caso a nivel de Tribunal Supremo. La Gráfica 2 presenta esta relación para el nivel apelativo.

---

[146] La presentación de asuntos ante las cortes del país refleja una tendencia descendiente. Seis años antes, para los años 2009-2010, las presentaciones sumaban 391,505. Véase OFICINA DE ADMINISTRACIÓN DE LOS TRIBUNALES, INFORME ANUAL DE LA RAMA JUDICIAL: 2009-2010 31 (2011).

[147] Las jurisdicciones en el grupo de población similar con información disponible son: Hawái, Nuevo México, Kansas, Nevada, Utah, Iowa, Puerto Rico, Connecticut, Kentucky y Lousiana. De hecho, en ese grupo Puerto Rico tiene más población que 6 de los estados. La comparación con el grupo más diverso incluyó 32 jurisdicciones que informaron sobre los casos entrantes en primera instancia y el número de jueces, así como 37 jurisdicciones que informaron el número de casos entrantes.

Gráfica 2
Instancia/Apelativo
Casos Entrantes de Primera Instancia por Caso Entrante Apelativo

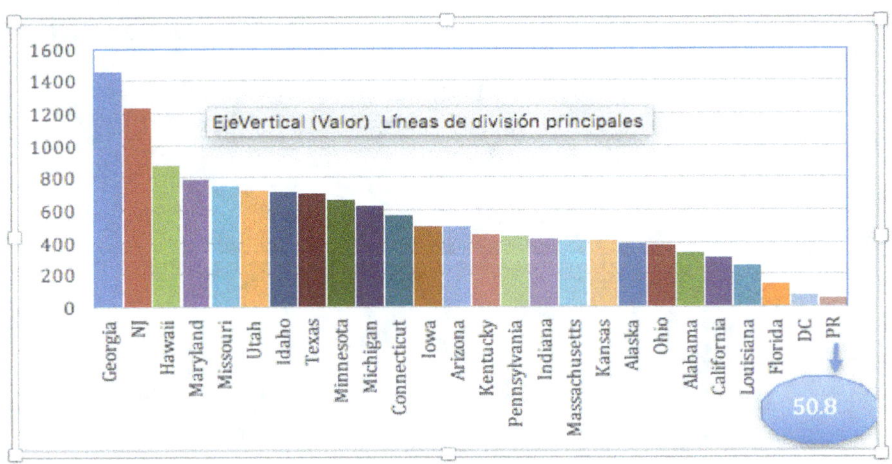

Como hemos dicho, según el Anuario Estadístico de Puerto Rico, para 2015-2016 Puerto Rico contó con 319 jueces para la atención del litigio de primera instancia, civil, criminal, de todo tipo.[148] La comparación con otras jurisdicciones en cuanto a casos entrantes por juez apunta nuevamente a una carga relativa menor de los jueces de primera instancia en las cortes de Puerto Rico frente a sus homólogos en 28 estados.[149] Distribuidos entre 319 jueces, el número de casos por juez es de 930.33 para Puerto Rico. La Gráfica 3 permite ubicar nuestra jurisdicción a base de los casos entrantes por juez.

[148] OFICINA DE ADMINISTRACIÓN DEL LOS TRIBUNALES, ANUARIO ESTADÍSTICO DE LA RAMA JUDICIAL DE PUERTO RICO 2015-2016 3 (2018).

[149] Un total de 27 estados, incluyendo Washington DC, informaron el número de jueces y el total de casos entrantes en cortes de primera instancia en el Proyecto Estadístico del NCSC. Asimismo, 32 estados informaron el número de casos entrantes. NATIONAL CONFERENCE OF STATE COURTS, https://www.ncsc.org/information-and-resources/comparing-state-courts.aspx (última visita 4 de junio de 2017).

Gráfica 3

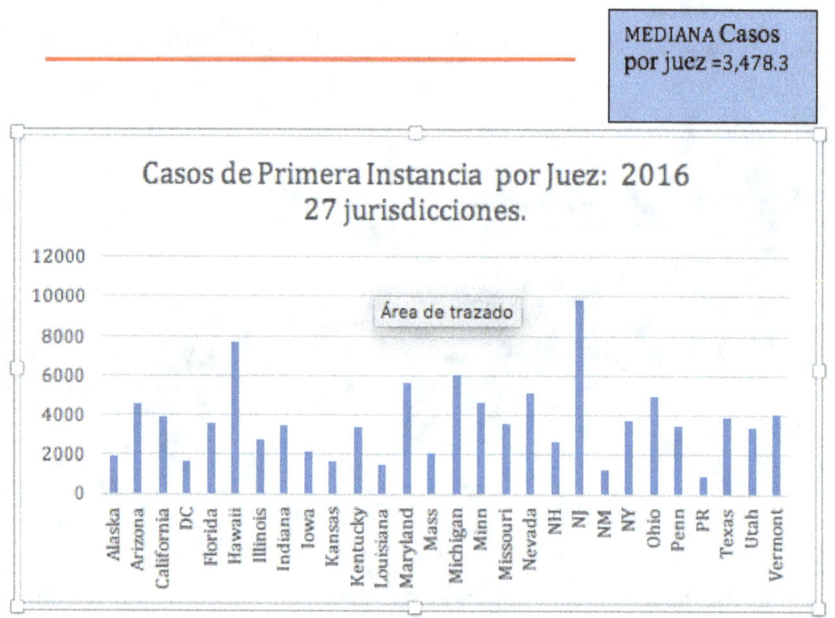

Según se identifica en la Gráfica 3, la mediana para los estados informantes en 2016 es de 3,478.3 casos entrantes de instancia por juez; el estado con las mayores asignaciones por magistrado es New Jersey, con 9,833.68 casos; Puerto Rico es el menor, 930.33, seguido por Nuevo México con 1,239.43 casos por juez de instancia. Cabe examinar el número de jueces en Puerto Rico para atender ese nivel de actividad: (1) Puerto Rico se ubica cercano a la mediana del número de jueces para atender los casos de instancia (319 PR vs 344) y, (2) el número de jueces de instancia por cada 100,000 habitantes en Puerto Rico es de 9.35, en el 25 porciento del grupo de comparación para esta variable.

Las diez jurisdicciones con poblaciones más cercanas a la nuestra tienen judicaturas de primera instancia que fluctúan entre 67 jueces en Hawái y 933 jueces en Luisiana. La mediana para esas diez jurisdicciones es de 263 jueces y una entrada de 2,747 casos por juez en 2016. Es decir, en términos generales, medido por la mediana, esos estados de población relativamente similar cuentan con menos jueces y un número mayor de casos entrantes de instancia por juez. No obstante, la variabilidad es notable en términos del número de jueces.

La Tabla 1 resume los resultados que hemos presentado para Puerto Rico, así como la carga per cápita de los jueces de instancia, la menor entre el grupo informante de 37 estados.

Tabla 1
El Caso de Puerto Rico 2016- Primera Instancia
Comparación con Jurisdicciones Informantes para Cada Indicador

		INDICADORES						
Jurisdicción	Población	Casos Entrantes (1)	Casos/capita . (2)	Casos/Juez (3)	Instancia por Caso Apelativo (4)	Instancia por caso Supremo (4)	Jueces por 100,000 habitantes (5)	Jueces (5)
Puerto Rico	3,411,307	296,776	0.087	930.33	50.8	101.15	9.35	319
Posición de PR en el grupo informante		Cuartilo 1: 25% más bajo Mínimo entre las jurisd. de población similar	Mínimo	Mínimo	Mínimo	Mínimo	Cuartilo 4 Tope 25%	Cercano a la mediana de 344. Mayor en promedio que jurisdicciones con población similar

En consecuencia, los datos disponibles del *National Center for State Courts* permiten comparar el caso de Puerto Rico con aquellas jurisdicciones que informan el resultado de la actividad en las cortes con respecto a variables importantes. En esos grupos, cuya composición varía, Puerto Rico aparece con una carga relativamente menor en los tribunales de primera instancia con respecto a cinco indicadores del perfil de la actividad que se lleva a cabo: (1) casos entrantes en primera instancia entre los 10 estados con población similar y entre el grupo general de jurisdicciones informantes; (2) casos entrantes per cápita; (3) casos entrantes por juez; y, (4) la relación del número de casos entrantes en instancia por caso entrante en los niveles superiores. Por otro lado, (5) el número de jueces por 100,000 habitantes es relativamente alto; y, jurisdicciones con población de tamaño similar cuentan con menos jueces en promedio.

Como puede verse, si se compara con sus homólogos de los estados de Estados Unidos, a base de los indicadores mencionados, tendríamos que concluir que los jueces de instancia en Puerto Rico, de su faz, no manejan un volumen de asuntos que impida asumir las responsabilidades que se articulan en la Regla 37. Aún así, por otra parte, un examen de los datos disponibles no nos permite concluir si los jueces de primera instancia del sistema puertorriqueño cuentan con los apoyos para-judiciales (oficiales jurídicos) al nivel que aparentan estar disponibles a sus homólogos estadounidenses. Para esta variable las tablas contienen datos para sólo 20 jurisdicciones informantes lo que dificulta ubicar a Puerto Rico en ese renglón. No obstante, entre esas jurisdicciones poco más del 70 por ciento tiene un número mayor de oficiales jurídicos en apoyo a los jueces.

Según informa la Oficina de Administración de los Tribunales, los jueces del tribunal de primera instancia en Puerto Rico están asistidos por 52 oficiales jurídicos,[150] el principal personal para-judicial que se contempla en nuestro sistema. Esos oficiales jurídicos se destinan principalmente al apoyo de los jueces que atienden casos civiles. Si el peso relativamente menor de la carga en Puerto Rico compensa la falta de esos apoyos, es tema que requeriría indagaciones ulteriores. No parece arriesgado suponer que, si al amparo de la Regla 37 los jueces dedicaran más tiempo a la administración de los pleitos en comienzo, tendrían menos espacio de tiempo para trabajar en la investigación y redacción de las sentencias y órdenes (sobre todo las dispositivas), tarea en que los oficiales jurídicos podrían ser más útiles.

Miremos entonces la estructura completa del sistema judicial puertorriqueño con miras a la distribución de recursos dentro de esa estructura. Esto es, analizar en qué medida la prioridad de la Regla 37 (control temprano y efectivo de los casos por el juez de instancia) compite con otras prioridades del sistema. En vista del crecimiento que ha tenido el sistema apelativo puertorriqueño en décadas recientes, ese es un tema natural de observación.

En efecto, Puerto Rico tiene 39 jueces de apelaciones dedicados a la revisión de las decisiones tomadas en primera instancia. Con relación a su población, Puerto Rico cuenta con un tribunal apelativo relativamente grande entre las jurisdicciones informantes, con 1.14 jueces por cada 100 mil habitantes, el máximo en el grupo de comparación; y se ubica en el 20 por ciento superior en número de jueces. Le sigue Luisiana, con 1.13. El estado con el menor número de jueces apelativos por población es Georgia con 0.1455. Los estados de Delaware,[151] Maine,[152] Montana,[153] New Hampshire,[154] Rhode Island,[155] South Dakota,[156] Vermont,[157] West Virginia[158] y Wyoming[159] no tienen un tribunal apelativo intermedio, como

[150] Correo electrónico de Sheila L. Rosado Rodríguez, Directora de recursos humano, Oficina de Administración de Tribunales al estudiante David Aristizábal (30 de noviembre de 2018) (en archivo con los autores).

[151] 10 Del. C. § 101 et seq.
[152] Me. Rev. Stat. tit. 4, § 101 et seq.
[153] Mont. Code. Ann. §3-1-101 et seq.
[154] N.H. Rev. Stat. Ann. § 490:1 et seq.
[155] 8 R.I. Gen. Laws § 1-1 et seq.
[156] S.D. Codified Laws § 16-1-1 et seq.
[157] Vt. Stat. Ann. tit. 4, § 1 et seq.
[158] W. Va. Code § 51-1-1 et seq.
[159] Wyo. Stat. Ann. § 5-1-101 et seq.

era el caso de Puerto Rico hasta 1992.[160] Además, Puerto Rico recibe el mayor numero de casos apelativos por 100,000 habitantes, con 174.8, también seguido por Luisiana.

Los datos comparativos evidencian asimismo una correlación positiva, estadísticamente significativa, entre el número de casos de instancia y el de casos presentados a nivel apelativo. El análisis comparado llevaría a proyectar un promedio de entre 703 y 3,268 en el foro apelativo intermedio de las jurisdicciones con igual número de casos de instancia que Puerto Rico. Puerto Rico recibió 5,962 casos en el foro apelativo intermedio en 2016, en el tope 25 por ciento de las jurisdicciones, fuera del intervalo de estimación. El caso de Puerto Rico requiere considerar otras variables, además de la carga potencial que surge de los casos entrantes en primera instancia, para explicar el volumen que entra al nivel apelativo. Son interrogantes cuya atención no debe aguardar mucho.[161] En Puerto Rico, mientras el número de casos de primera instancia se encuentra en el 25 por ciento inferior de los estados, en el foro apelativo Puerto Rico está en el 25% superior, y tiene el número máximo de casos entrantes por cada 100,000 habitantes, seguido de Lousiana y Florida. Esto es cónsono con el Puerto Rico tener la relación más baja entre el número de casos de instancia por caso apelativo presentado, según se refleja en la Gráfica 2. A su vez, el número de jueces en el nivel de apelación se encuentra en el 25 por ciento superior de 38 jurisdicciones informantes. ¿Qué tipo de casos entran al sistema para dilucidacion? ¿Qué tipo de asuntos reclaman la atención del Tribunal de Apelaciones y el Tribunal Supremo? El examen de las muchas preguntas que surgen de este cuadro debe ubicarse en alta prioridad en la agenda del país.

Nueve jueces en el Tribunal Supremo revisan los asuntos resueltos en el tribunal apelativo intermedio u otras instancias que generan menor volumen.[162]

---

[160] THE ROLE OF STATE INTERMEDIATE APPELLATE COURTS: PRINCIPLES FOR ADAPTING TO CHANGE (2012). El estado de Nevada recientemente salió de esta lista, pues en 2015 sus electores aprobaron una enmienda a su constitución para crear un tribunal apelativo intermedio. Véase Ritter Kent, Officials setting up new Nevada Court of Appeals, RENO GAZETTE JOURNAL (11 de noviembre de 2014) https://www.rgj.com/story/news/2014/11/11/officials-setting-new-nevada-court-appeals/18859455/.

[161] Por ejemplo, entre el 15 y 25 por ciento de los casos entrante al Tribunal de Apelaciones podrían ser recursos de revisión instados por confinados para revisar órdenes administrativas no es nada evidente el por qué de un sistema que a un foro colegiado la revisión de tales órdenes. Véase 4 LPRA 30.1 Ap. XXII-B (2010).

[162] A través de los años, el Tribunal Supremo de Puerto Rico ha variado en su tamaño. El 10 de noviembre de 2010, el tamaño de su plantilla se cambió por última vez para aumentarse, llevándose su composición de siete a nueve magistrados. Ver Ley Núm. 169 del 10 de noviembre de 2010 (aumentando el numero de jueces de siete a nueve); Ley Núm. 29 de 28 de mayo de 1975 (para reducir el número de jueces de nueve a siete jueces); Ley Núm. 7 de

Como hemos visto, la Grafica 1 relaciona la carga de los tres niveles. Con respecto al Tribunal Supremo, los datos de 49 estados informantes en 2016 ubican a Puerto Rico en el grupo con mayor número de casos, 25 por ciento superior. La carga del Tribunal Supremo puertorriqueño para 2016 fue de 1,453 casos, mientras el grupo de jurisdicciones que informaron, que incluye casi la totalidad, tuvo 910 casos mediana. La Grafica 4 presenta la relación de Puerto Rico con los demás estados informantes a nivel del Supremo.

Gráfica 4

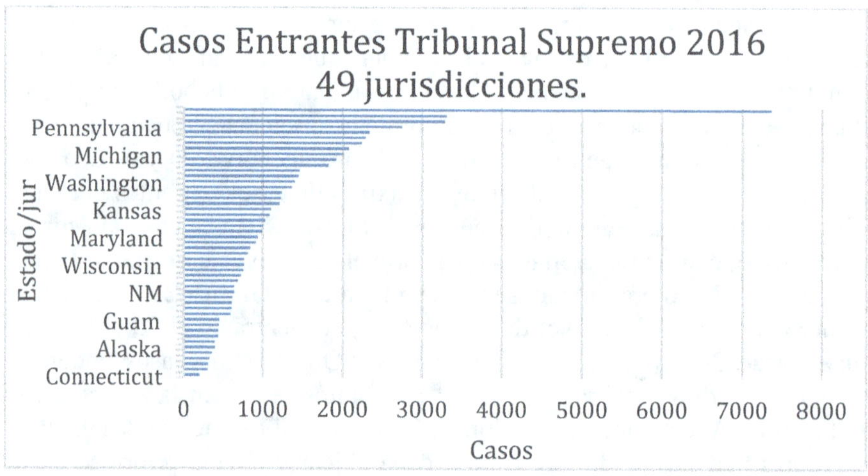

Cada juez del Tribunal de Apelaciones cuenta con un oficial jurídico que le asiste. En adición a cada uno de los paneles de jueces en que se divide ese tribunal acorde con los oficiales jurídicos. Cada juez del Tribunal Supremo cuenta con tres, en adición a un panel de asistentes de apoyo general compuesto entre 11 y 12 abogados.[163] Es decir, hay alrededor de 78 letrados que prestan apoyo de tiempo completo a los 48 magistrados apelativos con que cuenta el país. Ello rebasa por 22 el número de oficiales jurídicos que se asignan al tribunal de primera instancia.

La evolución del sistema apelativo en Puerto Rico es interesante. Puerto Rico se movió, con rapidez, a construir un sistema apelativo grande. Pasamos en 16 años – de 1992 a 2010 -- de un esquema apelativo

6 de mayo de 1961 (aumentó la cantidad de siete jueces a nueve jueces); La Ley Núm. 2 de 4 de agosto de 1952 (aumentó la cantidad de cinco a siete jueces).

[163] El Panel Central de investigación fue creado por el Tribunal Supremo mediante resolución del 4 de noviembre de 1982. El Panel se dedica mayormente al estudio de los casos sometidos para expedir o denegar el auto solicitado. LA RAMA JUDICIAL DE PUERTO RICO, http://www.ramajudicial.pr/sistema/supremo/apoyo.htm.

circunscrito esencialmente a un solo tribunal de siete jueces – el Tribunal Supremo – a un sistema de 48 jueces apelativos, nueve de ellos en el Tribunal Supremo.[164] Puerto Rico aparenta haber cifrado sus esfuerzos en las apelaciones como forma de mejorar la administración de la justicia.

Este cuadro permite algunas observaciones en torno a los señalamientos del libro de Hernández sobre a la Regla 37: La Regla 37 es una apuesta a mejorar las eficiencia y calidad de las adjudicaciones a través del control temprano del litigio por el juez de instancia. Los jueces de primera instancia parecen contar con los recursos para llevar a cabo esa labor, salvedad hecha en cuanto al respaldo de oficiales jurídicos. Por otra parte, la significativa inversión que el sistema hace en la estructura apelativa muestra la prioridad que el sistema puertorriqueño le ha dado a las apelaciones para asegurar la calidad de la adjudicación. Ante recursos cada vez más escasos, las prioridades deben singularizarse más. De cara al futuro, la redistribución de los recursos que Puerto Rico invierte en el sistema debe buscar la calibración de estas prioridades. Es decir, Puerto Rico debe dirigirse a explorar en qué medida puede y debe reducir el volumen de asuntos presentados a los tribunales apelativos para poder redirigir recursos hacia el tribunal de primera instancia. Ello, desde luego amén de atender la interrogante que plantea el elevado numero de casos *vis a vis* la población.

Pero allende el examen de los recursos que se colocan detrás de la Regla 37, si evaluáramos su éxito solo a base de consideraciones prescriptivas, hay observaciones que hacer.

En 2009 no solo se enmendó la Regla 37 sino que también se enmendó la Regla 6.1 sobre alegaciones. Ello tenía sentido toda vez que ambas reglas se relacionan estrechamente. Como se sabe, la Regla 6.1 se enmendó en 2009 con el propósito expreso[165] de acercar nuestro sistema de alegaciones a la norma prevaleciente en el derecho federal bajo los casos medulares de *Bell Atlantic* v. *Twombly*[166] y *Ashcroft* v. *Iqbal*[167]. La nueva regla abandona el régimen que conocíamos como de "*notice pleadings*" para requerir "hechos demostrativos del derecho a un remedio".[168] *Bell*

[164] Ley para enmendar el artículo 3.001 de la Ley de la Judicatura, según enmendada, Ley Núm. 169 de 10 de noviembre de 2010; In re solicitud para aumentar el número de jueces en el Tribunal Supremo, 180 DPR 54 (2010); José Julián Álvarez González, La nueva ley de la judicatura y la competencia obligatoria del Tribunal Supremo: algunas jorobas de un solo camello, 65 Rev. Jur. UPR 1 (1996).

[165] HERNÁNDEZ COLÓN, supra, en la pág. 280 (2017).

[166] 550 U.S. 544 (2007).

[167] 556 U.S. 662 (2009).

[168] Como se sabe, bajo el régimen anterior, al considerar una solicitud de desestimación, el juzgador debía dar por ciertas las alegaciones bien hechas de la demanda. Es decir, era

Atlantic y *Ashcroft* requiere hechos, no conclusiones.[169] Alegaciones concluyentes no deben sobrevivir una moción de desestimación bajo la Regla 10.2.

Las Reglas 37 y 6.1 según enmendadas en 2009 van de la mano. Si tal cual manda la Regla 37 el juez ha de tomar control del litigio a partir de las alegaciones sin aguardar por el descubrimiento, las alegaciones dejan de servir solo de advertencia a la contraparte ("*notice*") de cuáles son las reclamaciones y defensas que se barajarán en el pleito. Las alegaciones pasan a jugar un papel adicional: auxiliar al juez en la atención de los requerimientos de la Regla 37. Dicho de otra forma, para que el juez pueda cumplir con las responsabilidades que le impone la Regla 37, es necesario que se le provean con suficiente claridad y detalle los hechos en los que se basa el pleito. De ahí el entrejuego entre las Reglas 37 y 6.1.

No obstante, ante el Tribunal Supremo aun no ha surgido ocasión de precisar cuál es la extensión del cambio que impone la Regla 6.1 de 2009 en materia de alegaciones; cuánto "nos acercamos" en 2009 a *Bell Atlantic* y a *Ashcroft*. Nótese que las reformas de 2009 no incorporaron al sistema procesal puertorriqueño el régimen *Bell Atlantic/Ashcroft*. La reforma de 2009 sólo planteó el propósito de "acercar" nuestro ordenamiento procesal a ese sistema. Le corresponde a nuestra jurisprudencia precisar cuán próximos han de quedar.[170]

---

suficiente con que las alegaciones en una demanda incluyeran una relación sucinta y sencilla de hechos demostrativos de que la parte demandante tenía derecho al remedio solicitado. Siendo así, el entendido era el que un hecho bien alegado era aquél que sucintamente incluía hechos demostrativos del remedio que se solicitaba. Véase, Sigfrido Steidel Figueroa, Controversias en el ordenamiento procesal civil: a propósito del seminario de procedimiento civil, 47 REV. JUR. UIPR 793, 799 (2012-2013).

[169] La Regla 6.1 de 2009 dispone:

> Una alegación que exponga una solicitud de remedio contendrá:
>
> (1) Una relación sucinta y sencilla de los hechos demostrativos de que la parte peticionaria tiene derecho a un remedio, y
>
> (2) una solicitud del remedio a que crea tener derecho.
>
> Podrán ser solicitados remedios alternativos o de diversa naturaleza.

R.P. CIV 61, 32 LPRA Ap. V (2010).

[170] El Tribunal de Apelaciones sí ha tenido oportunidad de abordar el tema. Véase, De Busó v. La, KLCE201700001, 2017 PR App. LEXIS 524, en la pág. *3 (TA PR 22 de febrero de 2017) (Colom García, opinión disidente); Otros v. Triple S, KLCE201500418, 2015 PR App. LEXIS 3422, en las págs. *19-20 (TA PR 31 de agosto de 2015) (resolviendo que son de aplicación el criterio de Bell Atlantic y Ashcroft);

No ha habido oportunidad de elaborar aún sobre el alcance de la nueva Regla 6.1 en Puerto Rico ni en términos generales, ni con relación a materias sobre las que ya las reglas sugieren especificidades particulares – el fraude, por ejemplo, según dispone la Regla 7.2.[171] Estas lagunas que restan por llenarse en temas propiamente prescriptivos, generan dificultades a la hora de evaluar la efectividad de la Regla 37 en sus diez años de vigencia.

Ediciones posteriores de esta obra deben mantener viva la conversación en torno a las Reglas 37 y 6.1, así como en torno a otros temas sobre los que la obra toma posición.

De otro lado, la sexta edición del libro de Hernández Colón muestra interés por la incorporación de las tecnologías a los procedimientos judiciales. Es materia ineludible. En efecto, la obra entra en las fascinantes interrelaciones del sistema procesal con los desarrollos tecnológicos de nuestro tiempo. Un nuevo capítulo del libro se enfoca especialmente en explicar el *Sistema Unificado de Manejo y Administración de Casos* adoptado para las cortes puertorriqueñas, conocido como *SUMAC*.[172] *SUMAC* es una plataforma electrónica que permite la presentación de documentos, su manejo y notificación electrónica, así como la digitalización de expedientes judiciales.[173] Este sistema integra en una sola base de datos la información de todos los casos que se presentan en los tribunales de Puerto Rico y los procesos relacionados a su manejo.[174]

El tema es de cortante actualidad. La tecnología incide en los sistemas judiciales al menos de tres maneras: tecnología que apoya a los actores que participan en el sistema (tecnología de apoyo), tecnología que

---

McCarthy v. Banco Popular De P.R., KLAN201402092, 2015 PR App. LEXIS 968, en la pág. 11 (9 de marzo de 2015) (aplicando igualmente los criterios de Bell Atlantic y Ashcroft).

[171] La Regla 7.2 dice así:

> En todas las aseveraciones de fraude o error, las circunstancias que constituyan el fraude o error deberán exponerse detalladamente. La malicia, la intención, el conocimiento y cualquier otra actitud o estado mental de una persona puede aseverarse en términos generales.

R.P. CIV. 7.2, 32 LPRA Ap. V (2010).

[172] HERNÁNDEZ COLÓN, supra, en las págs. 220-29.

[173] Tutorial sobre el manejo del Sistema Unificado de Manejo y Administración de Casos ("SUMAC"), Rama Judicial de Puerto Rico (junio 16, 2017). Disponible en: https://www.youtube.com/watch?v=Od8cMDVtn0c&t=774s

[174] SUMAC news 1, Rama Judicial de Puerto Rico (octubre 18, 2010). Disponible en: https://www.youtube.com/watch?v=TiAZtNBNMqs.

reemplaza actividades y funciones que en el pasado estarían encargadas a seres humanos (tecnología de reemplazo), y tecnología capaz de cambiar la manera en que los jueces trabajan y hacen justicia (tecnología disruptiva).[175]

Al momento, la mayoría de las reformas tecnológicas en los sistemas judiciales han sido de apoyo y de reemplazo.[176] Servicios en línea, información digital, respaldo a los procesos, aparecen en muchos sistemas.[177] Video conferencias y encuentros digitales remplazan interacciones que antes debían ocurrir solo en corte.[178] En el umbral aguardan, sin embargo, posibilidades de calado aun mayor, entre ellas, la utilización de inteligencia artificial en el asesoramiento y toma de decisiones.[179] Ese es el explosivo mundo de las tecnologías a las que se enfrenta el procedimiento civil. No se trata solo de observar la relación de la computadora con los seres humanos, sino de mirar al espacio mayor en el que la inteligencia artificial propone la reconfiguración del orden social, del cual la administración de la justicia es parte.[180] El uso de estas tecnologías, que requieren la creación de bases de datos y su análisis para evaluar, modelar, modificar, reajustar y planificar los sistemas que rigen un país es hoy día una actividad esencial en todas las áreas de actividad personal y colectiva.

Es en este campo que el libro de Rafael Hernández Colón, en su sexta edición, se intersecta con la primera edición del tratado de Alejandro H. Mercado Martínez. En efecto, Mercado Martínez entra de lleno a examinar las formas en que el descubrimiento de prueba debe reconocer la realidad de que hoy día los datos se generan y se conservan digitalmente más que en papel.

En efecto, en 500 páginas que se dividen en seis capítulos,[181] tres apéndices y dos índices, *El Descubrimiento de Información Electrónica* resume bien lo relacionado con la generación de datos digitales en la sociedad contemporánea y explica los mecanismos que el sistema procesal

---

175 Tania Sourdin, Justice and Technological Innovation, 25 JOURNAL OF JUDICIAL ADMINISTRATION 1, 2 (2015). Disponible en: www.civiljustice.info/cgi/viewcontent.cgi?article=1039&context=access.

176 Id. en la pág. 1.

177 Id. en la pág. 1.

178 Id. en la pág. 1.

179 Id. en la pág. 6.

180 Cf. ERIC POSNER & GLEN WEYL, RADICAL MARKETS 287 (2018).

181 MERCADO MARTÍNEZ, supra, en las págs. vii-x. El autor divide la discusión en los siguientes temas: 1 – Consideraciones Generales, 2 – El Deber de Cooperación Entre las Partes, 3 – E-Discovery Rules, 4 – Admisibilidad y Autenticidad de la Evidencia Electrónica, 5 – Reglas de Procedimiento Civil de E-Discovery en Puerto Rico, 6 – Responsabilidad Profesional.

ofrece, o debiera ofrecer, para su descubrimiento y eventual uso como prueba en los litigios.[182]

La obra no es solo descriptiva. Sobresale el esfuerzo del autor por analizar las reglas federales y compararlas con las puertorriqueñas para proponer los ajustes que el autor estima corresponden para mejorar las segundas.

Mercado Martínez, sugiere más estrechos acercamientos entre nuestras reglas y las federales. Apunta a medidas incorporadas en las reglas federales que todavía están ausentes de las nuestras. Señala, por ejemplo, la Regla 26(b)(2)(B) de procedimiento civil federal, que dispone que:

> Rule 26 – Duty to Disclose; General Provisions Governing Discovery. . .. (b) Discovery Scope and Limits. . .. (2) Limitations on Frequency and Extent. . .. (B) Specific Limitations on Electronically Stored Information. A party need not provide discovery of electronically stored information from sources that the party identifies as not reasonably accessible because of undue burden or cost. On motion to compel discovery or for a protective order, the party from whom discovery is sought must show that the information is not reasonably accessible because of undue burden or cost. If that showing is made, the court may nonetheless order discovery from such sources if the requesting party shows good cause, considering the limitations of Rule 26(b)(2)(C). The court may specify conditions for the discovery.[183]

Esta regla fue enmendada en 2006 con el propósito de atender los esfuerzos y gastos que conlleva el descubrimiento de información electrónica.[184] Además, Mercado apunta a la Regla 26(f)[185] que fue actualizada para lograr mayor celeridad en la atención y resolución de controversias relacionadas al descubrimiento de evidencia electrónica.[186] Finalmente, trae a colación la Regla 26(b)(1)[187] enmendada para promover que la información electrónica solicitada se limite a las necesidades del

---

[182] Sobre los asuntos probatorios relacionados con la información digital, debe destacarse que también en 2017 se publicó por la Editorial Situm una monografía de la profesora Vivian I. Neptune Rivera, decana de la Escuela de Derecho de la Universidad de Puerto Rico. Véase VIVIAN I. NEPTUNE RIVERA, LA EVIDENCIA ELECTRÓNICA: AUTENTICACIÓN Y ADMISIBILIDAD (2017). Cf., EDWARD J. IMWINKELREID, EVIDENTIARY FOUNDATIONS 66-120 (2018).

[183] FED. R. CIV. P. 26(b)(2)(B).

[184] MERCADO MARTÍNEZ, supra, en la pág. 322.

[185] FED. R. CIV. P. 26(f).

[186] MERCADO MARTÍNEZ, supra, en la pág. 322.

[187] FED. R. CIV. P. 26(b)(1).

caso, vistos los recursos económicos con los que cuentan las partes.[188] Mercado Martínez echa de menos que estas medidas no se hayan incorporado a nuestras reglas:

> A diferencia de la jurisdicción federal, ninguno de los referidos preceptos forma parte de nuestro entorno jurídico. A nuestro juicio, esto tiene como efecto el que las Reglas de Procedimiento Civil no promuevan que el proceso de descubrimiento de información electrónica en Puerto Rico sea razonable, limitando y menos costoso. Tales diferencias abren paso también a la sobreutilización y el uso inapropiado de mecanismos para el descubrimiento de información electrónica, y contribuyen a que la demora en la tramitación de los pleitos y la congestión en el calendario de los tribunales sea aún mayor. Por tal razón, y consistente con el espíritu de las reglas federales, somos del parecer que al momento de interpretar las disposiciones de Puerto Rico referentes al descubrimiento de información electrónica debe de mantenerse presente la necesidad de un mayor control judicial sobre los procedimientos y de un descubrimiento de prueba estructurado con la colaboración de las partes, de modo que se pueda obtener la más pronta y justa solución de los casos dentro de un marco de proporcionalidad y razonabilidad.[189]

Mercado Martínez examina también cómo el medioambiente digital redefine las competencias profesionales mínimas que deben exhibir los abogados.

> Antes tales circunstancias, y no existiendo razón por la cual nuestro ordenamiento jurídico deba extenderle un trato distinto al deber de competencia, hemos de concluir que el contorno ético moderno les impone igualmente a los miembros de la profesión legal de Puerto Rico la responsabilidad de comprender los beneficios, riesgos e implicaciones éticas asociadas con la tecnología como estas afectan los intereses de sus clientes. En ocasiones, esto podría incluso requerir el que los abogados estén familiarizados con los términos y condiciones de los servicios tecnológicos de sus clientes y sus correspondientes configuraciones.[190]

La obra es una referencia valiosa, necesaria en Puerto Rico para entender y manejar los mecanismos de descubrimiento de prueba en los

---

[188] Id. en la pág. 323.
[189] Id.
[190] Id. en las págs. 387-388.

tiempos actuales. Le sirve tanto a abogados y jueces como a alumnos que se familiarizan de una primera vez con nuestro derecho procesal civil.

Dicho lo anterior, el análisis de obras como las dos que analizamos no puede concluir. Cabe preguntarse cómo mirar a estas obras dentro de los escenarios más anchos en que se encuentra Puerto Rico al momento de su publicación; cómo deben y pueden contribuir a los retos que le plantea al país la presente coyuntura.

Vistas en conjunto, estas obras perfilan un panorama de creciente madurez en el derecho procesal civil del país.[191] Exhiben saludables interacciones entre una obra general panorámica y otras que profundizan en las principales instancias del proceso. Acompañadas por buenos artículos sobre puntos procesales específicos y por obras monográficas, anticipan un clima procesal conducente a la mejor salud y eficiencia del sistema.

Son también, como hemos visto, obras que en algún sentido colocan a Puerto Rico frente a la evolución de su sistema judicial que puede preciarse de haber sido repositorio del mejor pensamiento, de las más vanguardistas tendencias de organización judicial.[192] De cara al futuro, ¿seremos actores protagonistas o meros observadores de la interacción de las tecnologías con las instituciones de administración de justicia? ¿Cómo habremos de posicionarnos ante la transformación digital? ¿En qué medida dirigimos esas transformaciones hacia la configuración de nuestro sistema para acercarlo más a las más nobles aspiraciones de la humanidad en este campo?

Por otra parte, libros como éstos no están desvinculados de la actual realidad económica del país. Puerto Rico enfrenta un momento de contracción económica sin precedentes. La situación amenazó en convertirse en lo que el Departamento del Tesoro de Estados Unidos ha calificado de "crisis humanitaria".[193] Es incierta nuestra capacidad de equilibrar nuestras responsabilidades de repago de nuestra deuda colectiva con las inversiones que debe hacer nuestra economía para garantizar un verdadero repunte.[194] La agenda de recuperación toca a todos, incluyendo desde luego a la abogacía. El derecho no es el componente principal de una

---

[191] Cf. Antonio García Padilla, Prólogo a la cuarta edición de RAFAEL HERNÁNDEZ COLÓN PRÁCTICA JURÍDICA DE PUERTO RICO: DERECHO PROCESAL CIVIL, viii-ix (4ta. ed. 1997).

[192] JOSE TRÍAS MONGE, EL SISTEMA JUDICIAL DE PUERTO RICO (1978).

[193] Comunicado de prensa, Departamento del tesoro federal, Testimony Of Counselor Antonio Weiss Before The Senate Committee On Energy And Natural Resources (22 de octubre de 2015), https://www.treasury.gov/press-center/press-releases/Pages/jl0230.aspx.

[194] Antonio Weis et al., Puerto Rico Needs a Better Debt Deal, BLOOMBERG (October 8, 2018), https://www.bloomberg.com/opinion/articles/2018-10-08/puerto-rico-needs-a-better-debt-deal.

estrategia de recuperación económica, pero tampoco es neutral a ella. El derecho impulsa o traba la gestión de producción, el tráfico y la adecuada distribución de la riqueza. En cuanto al derecho procesal se trata, su madurez y salud son claves en el esfuerzo por mejorar la efectividad de los procesos judiciales que según nos informa el Banco Mundial, no abonan a la competitividad de nuestra plaza.[195]

Pero hay más, que tiene que ver con el valor económico de los objetos jurídicos propiamente dichos. La creación jurídica es, como otras, susceptible de valoración y consumo no solo localista, sino de utilidad amplia, formal y económicamente competitiva en mercados del exterior.[196] Puerto Rico puede y debe lanzarse a la generacíon de productos jurídicos de valoración en nuestro quehacer y más allá de nuestras costas. Para ello, es preciso comenzar con el derribo de fuertes obstáculos culturales que operan en contra de esa agenda. Estamos demasiado acostumbrados al consumo de productos jurídicos generados en otras latitudes. Es preciso levantar la confianza en nuestra capacidad de producir y exportar nuevos conocimientos jurídicos y nuevas aplicaciones para las ideas ya conocidas.[197] Obras como las que nos ocupan en este ensayo tienen el potencial de valorarse en muchas partes del mundo por varias razones. Entre ellas, resalta que Puerto Rico es la única jurisdicción en el mundo que utiliza el derecho procesal civil de Estados Unidos para dilucidar controversias que se suscitan en un sistema de *droit mixte*[198] con base en el derecho civil hispano. Además, la lengua de operación de nuestro sistema procesal es el castellano. Las experiencias nuestras en ese campo, bien dimensionadas y descritas, deben llamar la atención de muchos.

Como apunta Cappalli, el interés de los pueblos hispanohablantes por el derecho procesal de corte estadounidense responde mucho más que a curiosidades intelectuales. Es una cuestión práctica que parte del creciente volumen de las interacciones económicas y sociales entre Estados Unidos y esos países.[199] Son porosidades de las que inevitablemente se derivan conflictos a dilucidarse muchas veces en cortes de Estados Unidos o con

---

[195] WORLD BANK, WORLD DEVELOPMENT REPORT 2017: GOVERNANCE AND THE LAW 18 (2017).

[196] ANTONIO GARCÍA PADILLA, ABOGACÍA, DERECHO Y PAÍS: PERSPECTIVAS DE UN TIEMPO DE TRANSFORMACIONES ACADÉMICAS Y PROFESIONALES EN PUERTO RICO 197-198 (2017).

[197] Id.

[198] RENÉ DAVID & CAMILLE JAUFFRET-SPINOSI, LES GRANDS SYSTÈMS DE DROIT CONTEMPORAINS (2002).

[199] Richard B. Cappalli, Procedimiento Civil Comparado: Estados Unidos, Chile y Sudamérica, 19 REVISTA CHILENA DE DERECHO 203 (1992). Es interesante señalar que el profesor Cappalli, catedrático de derecho procesal civil en Temple, fue parte de la primera administración del autor como Gobernador de Puerto Rico. En ella dirigió la oficina de Puerto Rico en Washington. Ley para la administración de asuntos federales de Puerto Rico, Ley Núm. 77 de 19 de junio de 1979, 3 LPRA § 1701-1708 (2018).

relación a ellas.[200] No obstante, los comparatistas siguen mostrando más interés por los derechos sustantivos que por el procesal.[201] Existen, claro está, excelentes explicaciones en castellano del derecho procesal de corte estadounidense que se adentran bien en la exploración de traducciones normativas y no solo lingüísticas.[202] Pero hay espacio para muchas más. En ese terreno, las oportunidades para Puerto Rico son estupendas. Tanto *El Derecho Procesal Civil* como *El descubrimiento de información electrónica* tienen un excelente potencial de aprovecharlas.

---

[200] Id. en la pág. 203.

[201] Id. en la pág. 204.

[202] GEOFFREY C. HAZARD & MICHELE TARUFFO, LA JUSTICIA CIVIL EN LOS ESTADOS UNIDOS (2006).

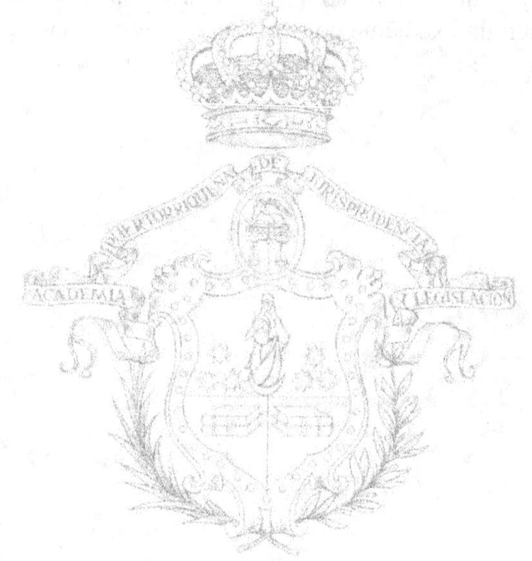
ACADEMIA
PUERTORRIQUEÑA DE JURISPRUDENCIA
Y LEGISLACION

www.ingramcontent.com/pod-product-compliance
Lightning Source LLC
Chambersburg PA
CBHW081303170526
45165CB00011B/3388